Longmin Ran

Construction de maillage 4D pour la modélisation de bassin

Longmin Ran

Construction de maillage 4D pour la modélisation de bassin

En zones à géométrie complexe

Presses Académiques Francophones

Imprint
Any brand names and product names mentioned in this book are subject to trademark, brand or patent protection and are trademarks or registered trademarks of their respective holders. The use of brand names, product names, common names, trade names, product descriptions etc. even without a particular marking in this work is in no way to be construed to mean that such names may be regarded as unrestricted in respect of trademark and brand protection legislation and could thus be used by anyone.

Cover image: www.ingimage.com

Publisher:
Presses Académiques Francophones
is a trademark of
International Book Market Service Ltd., member of OmniScriptum Publishing Group
17 Meldrum Street, Beau Bassin 71504, Mauritius

Printed at: see last page
ISBN: 978-3-8416-3530-3

Zugl. / Agréé par: Troyes, Université de Technologie de Troyes, Diss., 2010

A mon fils William Tian-Fu

Remerciements

Je voudrais tout d'abord remercier Houman Borouchaki (Université de Technologie de Troyes) qui a accepté de diriger ma thèse et qui a suivi mes travaux avec beaucoup d'intérêt tout au long de ces trois années. Ses conseils et les connaissances qu'il m'a apportés m'ont été d'une aide précieuse. J'ai beaucoup apprécié la clarté de ses explications.

J'adresse mes remerciements à Abdallah Benali, mon promoteur de thèse à l'IFP Energies Nouvelles. Je lui suis reconnaissante de l'attention constante qu'il a portée à mes travaux, et de nombreuses aides qu'il m'a apportées dans les affaires privées.

Pierre Féry-Forgues m'a accueilli au sein du Département Informatique Scientifique, Direction Technologie, Informatique et Mathématiques Appliquées (DTIMA) de l'IFP Energies Nouvelles. Il a également suivi régulièrement l'avancée de mes travaux et m'a aidé à la mise en forme de mon mémoire avec ses connaissances impressionnantes sur l'éditeur de texte. Je tiens à l'en remercier vivement.

Je remercie également Pierre Villon (Université de Technologie de Campiègne), Jérome Jaffré (Inria-Rocquencourt), Patrick Laug (Inria-Rocquencourt) et Marie-Christine Cacas (IFP Energies Nouvelles) pour avoir bien voulu être rapporteurs/examinateurs de ma thèse. Je leur suis reconnaissante du temps qu'ils ont consacré à la relecture de mon manuscrit.

Je remercie Frédéric Hecht (Université Paris VI) pour avoir accepté la présidence de mon jury.

Je remercie également Isabelle Faille, Pascal Havé et Françoise Willien, numériciens à l'IFP, et Jean-Luc Rudkiewicz, Muriel Thibaut, Jean-François Lecomte et Marie-Christine Cacas (oui, encore une fois), géologues de l'IFP, pour leur participation active à la définition des objectifs dits "métiers" de cette thèse, les données fournies, la mise en place des simulations pour tester et valider les maillages développés dans cette thèse.

En préparant ma thèse à l'IFP, j'ai pu bénéficier des connaissances et des conseils de nombreux ingénieurs. Je pense en particulier à Mehdi Elkouhen, Sébastien Schneider, Jean-François Rainaud, Christophe Delage, Jean-Marc Gratien et je les remercie pour leur gentillesse et leur aide. Sébastien Schneider a relu les chapitres 2, 3 et 4 de ma thèse ; Jean-Marc Gratien m'a aidé à préparer la soutenance, je leur suis reconnaissante.

J'ai également une pensée amicale pour mes ex-collègues de l'IFP, ingénieurs, doctorants, post-doctorants, stagiaires, secrétaires et le personnel de la restauration, avec lesquels j'ai passé de bons moments au cours de ces trois ans de thèse. Je leur remercie pour leur amitié et leur bonne humeur.

Enfin mes dernières pensées vont à mes amis et tous les membres de ma famille. Leur soutien et leur affection dépassent largement le cadre de cette thèse aussi je leur dirai simplement....

Merci pour tout !

Résumé

Sujet : Construction de maillage 4D pour la modélisation de bassin en zones à géométrie complexe

La modélisation de bassin vise à reconstruire l'histoire géologique d'un bassin et son système pétrolier via des simulations d'écoulement des fluides, basées sur une série de maillages décrivant la géométrie du bassin à chaque instant géologique. Ces maillages sont de préférence hexaédriques au lieu d'être tétraédriques pour acquérir de meilleurs résultats numériques. Le bassin peut simplement comprendre des couches géologiques délimitées entre elles par des horizons. Il peut aussi être géométriquement complexe avec une ou plusieurs failles interrompant les couches, ce qui est peu étudié mais de plus en plus demandé. Cette thèse propose une méthode automatique qui génère des maillages hexa-dominants pour la modélisation de bassin à géométrie complexe. Premièrement, basé sur sa triangulation à l'instant le plus récent, un quadrillage 3D est généré avec la même dimension pour chaque horizon, respectant les traces de faille. Ensuite, tous les instants sont itérés pour générer les maillages correspondants en deux étapes : premièrement, les déplacements des horizons et des failles sont appliqués sur le maillage généré pour l'instant précédent ; puis les deux quadrillages en haut et en bas de la nouvelle couche sont connectés suivant les nœuds correspondants, et certaines cellules sont découpées selon les failles. Des simulations d'écoulement sont exécutées sur les maillages générés avec des résultats satisfaisants.

Mots-clés : gisements pétrolifères, bassins sédimentaires, simulation par ordinateur, géométrie algorithmique, fluides, mécanique des, grilles (analyse numérique)

Abstract

Subject : 4D mesh generation for basin modelling in geometrically complex areas

Basin modeling aims to reconstruct the geological history of a basin and its oil system by means of fluid flow simulations, which is done by using a series of meshes describing basin geometry at each geological instant. These meshes are preferably hexahedral rather than tetrahedral in virtue for better numerical results. The basin can simply consist of geological layers delimited one from another by horizons. It can be geometrically complex with one or more faults interrupting the layers, which is barely studied but increasingly demanded. This dissertation exposes an automatic method which generates hex-dominant meshes for basin modeling with complex geometry. Firstly, based on their triangulations at the latest instant, 3D surface grids are generated with identical dimension for all the horizons verifying fault traces. Afterwards, all instants are iterated to generate corresponding meshes by firstly applying horizon and fault displacement on the mesh generated for the precedent instant; the method then connects the bottom and top surface grids of the new layer along corresponding nodes, and splits certain cells along faults when necessary. Simulations have been carried out on generated meshes with satisfactory results.

Keywords: oil fields, sedimentary basins, computer simulation, computational geometry, fluid mechanics, numerical grid generation (numerical analysis)

Table des matières

Table des illustrations

Chapitre 1. Introduction

Dans le domaine de l'exploration pétrolière, le réservoir, ou le conteneur du pétrole, est toujours localisé dans un bassin sédimentaire, ou bassin tout court. Comme indiqué par son nom, un bassin sédimentaire est en forme de cuvette et rempli par des sédiments. L'exploration pétrolière consiste précisément à chercher les réservoirs pétroliers à l'intérieur d'un bassin ([36], [44]). La recherche traditionnelle est effectuée au moyen d'une chaîne de travaux sur le terrain. De nos jours des simulations d'écoulement des fluides [47] sont réalisées sur ordinateur pour étudier l'histoire géologique du bassin et déduire le processus de formation de ses systèmes pétroliers. Ce travail numérique est appelé "la modélisation de bassin" [43] et il fournit une approche plus économique et plus fiable pour détecter les réservoirs.

Les facteurs prédominants dans l'évolution de bassin sont le dépôt de sédiments et leur compaction, le transfert de chaleur, la génération de pétrole et la circulation de fluides. Ces phénomènes sont modélisés par un système d'équations aux dérivées partielles (EDP) et sont simulés numériquement pour prédire la localisation des réservoirs, estimer la quantité et la qualité du pétrole, et évaluer le risque de surpression durant le forage ([32], [43]). Née dans les années 1980, la modélisation de bassin est une discipline relativement jeune ; elle ne couvre pas encore totalement la complexité du domaine. Étant parmi les composants majeurs dans le processus d'évolution de bassin, l'émergence de failles et le glissement relatif des parois le long de celles-ci ne sont pas encore traités d'une façon propre en espace tridimensionnel, à cause de la géométrie très complexe du bassin.

Conformément à un schéma de simulation de bassin [42] qui utilise les méthodes des volumes finis [52], ce mémoire de thèse propose une méthode automatique pour générer les maillages de bassin, avec un traitement soigné sur les failles. Ces maillages sont majoritairement hexaédriques afin d'acquérir un meilleur résultat numérique ; des tétraèdres, pyramides et prismes sont aussi présents mais ils sont strictement restreints aux zones faillées.

Concernant l'organisation, sept chapitres constituent ce mémoire. Le **premier chapitre** introduit l'objet d'étude : les bassins sédimentaires et ses systèmes pétroliers. Les problématiques générales de génération de maillage pour la modélisation de bassin seront ensuite exposées, ainsi que les objectifs attendus. Une enquête sera effectuée sur les mailleurs existants dans le domaine de l'exploration pétrolière et sur les techniques générales de génération de maillage hexa-dominant, avec notre solution proposée à la fin.

Le **deuxième chapitre** illustrera brièvement la méthodologie générale de génération de maillage hexa-dominant pour la modélisation de bassin en présence des failles multiples. Le processus global est d'abord présenté. Une description étape par étape est ensuite détaillée dans les sous-sections suivantes.

Au **chapitre trois** sont présentés les différents types de données utilisées dans nos travaux. Le schéma de classes est illustré ; les différents formats de fichier décrivant un horizon, une faille ou un bassin sont introduits.

La méthode de grille contrainte fait l'objet du **chapitre quatre** regroupant les manipulations en 2D et développée jusque dans ses moindres détails. La génération du quadrillage est décrite en premier. Le calage des failles selon motifs est ensuite exposé avec ses problèmes intrinsèques. Le calage par parcours est ensuite proposé en tant qu'une solution simple et efficace, dont les pseudo-codes sont fournis pour deux contextes respectivement : la présence d'une seule faille, et l'intervention des failles multiples avec des raffinements éventuels. L'évaluation et l'optimisation du quadrillage sont présentées à la fin.

Le **cinquième chapitre** décrit la génération du maillage volumique. La présentation commence par le report du quadrillage en horizon réel ; ensuite est détaillée la façon de générer des éléments volumiques entre les quadrillages 3D. La régularisation de mailles dégénérées fait l'objet d'une nouvelle section, suivie de l'évaluation de la qualité des éléments en fin du chapitre.

La génération du maillage dynamique est abordée dans le **chapitre six**. Le processus global est premièrement présenté avec un schéma ; puis le chemin d'évolution est défini selon deux méthodes distinctes pour les nœuds nouvellement apparus. Le chapitre est terminé par une explication sur la façon d'extraire les faces critiques.

Dans le **septième chapitre**, les résultats numériques sont illustrés en trois parties. La première partie concerne la méthode de grille containte, tandis qu'un cas statique est traité dans la deuxième partie. A la fin, la génération de maillage évolutif pour un modèle de bassin avec six horizons et une faille est réalisée et validée par des simulations numériques.

La conclusion est tirée à la fin de ce mémoire. Des perspectives sur différents sujets pertinents sont dessinées pour la suite de la thèse.

1.1. Bassins sédimentaires et exploration pétrolière

Deux grandes activités s'inscrivent dans le domaine de l'exploration-production pétrolière : l'**exploration** ou la recherche de nouveaux gisements d'hydrocarbures (le pétrole), et la **caractérisation des réservoirs**. La première activité consiste à définir les **systèmes pétroliers** complets au sein d'un **bassin sédimentaire** ; c'est essentiellement dans cet environnement géologique que l'on peut trouver du pétrole. Cette thèse a pour but de décrire l'évolution géométrique d'un bassin au moyen d'une série de maillages volumiques ; cette description étant la base de la **modélisation de bassin** retraçant le processus et le chemin de la formation des systèmes pétroliers.

Au sein d'un bassin sédimentaire, un système pétrolier (Fig. 1-1) connaît les principaux composants suivants :

- une **roche couverture** qui a une porosité très faible et une perméabilité quasiment nulle et qui stoppe l'écoulement du pétrole ;

- un **réservoir** qui est une roche poreuse et perméable imbibée de fluide (de l'eau, et les composants bi-phasiques du pétrole, huile et gaz) ;
- une **roche mère** qui contient plus de 1% de matières organiques et qui est à la source du pétrole ;
- un **piège** qui représente une géométrie tridimensionnelle favorable à réceptionner et immobiliser le pétrole ;
- un **calendrier** des événements géologiques qui agence la mise en scène de différents acteurs ci-dessus.

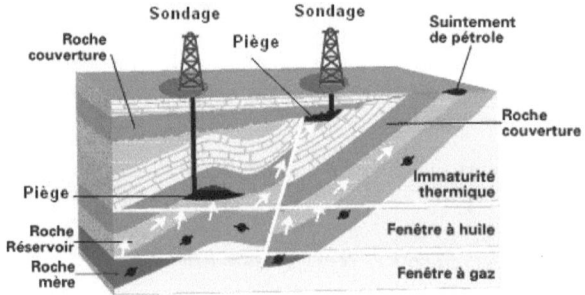

Fig. 1-1 : Système pétrolier.

Le développement d'un système pétrolier commence par le creusement d'un bassin ; ce dernier reçoit par la suite des dépôts de sédiments, à partir desquels les différentes roches sédimentaires (roche mère, roche réservoir ou roche couverture) sont formées. Ayant subi un processus de maturation, les hydrocarbures sont expulsés de la roche mère et migrent vers le piège, d'où ils pourront être extraits.

1.1.1. Création d'un bassin

Structure interne de la Terre

La Terre a été formée il y a 4.6 milliard d'années par l'effondrement gravitaire des matières interstellaires tournant autour du Soleil. Basé essentiellement sur les paramètres dérivés de la modélisation des données géophysiques, c.à.d. la vitesse de l'onde **P** (**P** est siglé de "primaire") et la densité (selon le temps de parcours des ondes scismiques et les mesures de champ de gravité), les géologues ont déduit pour la Terre une forme d'emboîtement de coquilles sphériques concentriques, dont la répartition est proposée du centre à la surface en cinq couches suivantes [37] (voir aussi Fig. 1-2) :

- **noyau interne**, solide dû à la haute pression (350 *Gpa*) malgré une densité très haute (13) et une température très élevée (supérieure à 5000°*C*). Il est essentiellement composé de l'alliage de fer-nickel constitué par cristallisation progressive du noyau externe.

- **noyau externe**, liquide très dense (10) de haute température (4000°*C* en moyenne) essentiellement composé de l'alliage fer-nickel. Les écoulements de fer liquide au sein de cette couche est à l'origine du champ magnétique terrestre.

- **manteau inférieur**, aux propriétés d'un solide élastique.

- **manteau supérieur**, moins visqueux (plus « ductile ») que le manteau inférieur car les conditions physiques qui y règnent le rendent en partie liquide. Il est formé essentiellement de roches telles que la péridotite.

- **croûte terrestre**, solide essentiellement granitique pour la partie continentale, et basaltique pour la partie océanique.

Il convient de noter que la croûte et la partie supérieure du manteau supérieur sont regroupées sous le nom de "**lithosphère**", et que la partie inférieure du manteau supérieur est appelée "**asthénosphère**". La chaleur interne de la Terre est produite principalement par la radioactivité naturelle des roches par désintégration de l'uranium, du thorium et du potassium. Du noyau à la croûte, la température décroît, ainsi que la pression. Par conséquent, au sein de l'asthénosphère, des courants de convection se forment pour transférer la majeure partie de l'énergie calorifique du noyau de la Terre vers la surface.

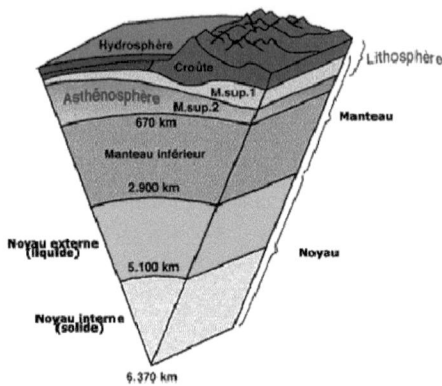

Fig. 1-2 : Structure interne de la terre.

Théorie de plaques et création de bassins

Dû à la convection des matières à l'intérieur de l'asthénosphère ou à plus profondeur encore, les couches ne sont pas fixes et immobiles mais en mouvement permanent l'une par rapport à l'autre. De cette manière, la lithosphère manifeste un déplacement relatif à l'asthénosphère d'une vitesse de quelques centimètres par an. Toutefois, la couche lithosphérique ne bouge pas en tant qu'un seul bloc ; en effet, elle est découpée en plaques plus ou moins grosses. Chaque plaque se déplace avec une vitesse différente et une direction distincte sur l'asthénosphère ; en conséquence, un mouvement relatif se révèle entre deux plaques, ce qui correspond à une convergence, une divergence ou un déplacement latéral, ou encore une combinaison de ces composantes. La formation des bassins sédimentaires est conséquente de ces déplacements relatifs, selon un processus composé des étapes suivantes :

- à l'état initial, la lithosphère et l'asthénosphère sont immobile l'une par rapport à l'autre.

- Des cellules de convection divergentes dans l'asthénosphère montent et étirent la lithosphère, ce qui produit une déformation cassante sur la partie la plus haute de la lithosphère, et sur la partie plus profonde, une déformation ductile. Ainsi, une dépression topographique ou une "**subsidence**" se forme sur la surface lithosphérique (Fig. 1-3). Ce type de subsidence est dit "**tectonique**" et appelée un "**rift**" ; elle est à l'origine de l'une des formes de bassin sédimentaire. Le temps de développement d'une telle subsidence tectonique varie de quelques millions à quelques dizaines de millions d'années.

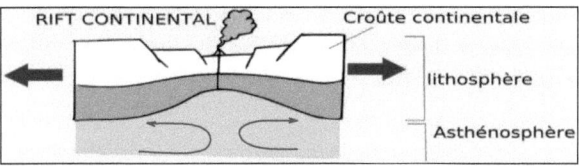

Fig. 1-3 : Formation de bassin du type "rift".

- Une fois que les matières asthénosphériques cessent de monter, la lithosphère étendue commence à refroidir, ce qui produit une **dépression** topographique dite subsidence "**thermique**" qui se poursuit pendant quelques dizaines de millions d'années pour générer de l'espace pour la sédimentation.

- L'extension de la lithosphère peut continuer jusqu'à sa rupture. Par conséquent, la plaque unique initiale est divisée en deux plaques s'éloignant l'une de l'autre, ce qui fait place pour les matières asthénosphériques qui vont arriver à la surface terrestre. De cette façon, une **plaque océanique** est créée. À la frontière dite "**passive**" avec chaque **plaque continentale**, les substances en provenant de l'asthénosphère se refroidissent, ce qui produit une subsidence thermique et donc un bassin sédimentaire (Fig. 1-4). La formation constante de la croûte océanique peut durer quelques dizaines de millions d'années.

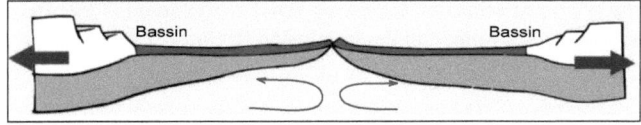

Fig. 1-4 : Bassin formé sur la frontière entre une plaque océanique et celle continentale.

7

- Des cellules de convection asthénosphériques convergentes descendantes peuvent apparaître et provoquer une subduction d'une plaque (océanique car plus dense et moins épaisse) en dessous d'une autre. Les constituants minéraux de la plaque en subduction deviennent de moins en moins stables avec l'accroissement de la pression et de la température. Un flux de magma se forme qui monte vers la surface suite au contraste de densité, ce qui produit des volcans, un phénomène caractéristique de ce type de marge dite "**active**". Des bassins de différentes épaisseurs s'y développent, en manifestant une histoire complexe sous la double influence majeure des déformations tectoniques et du **volcanisme** (Fig. 1-5).

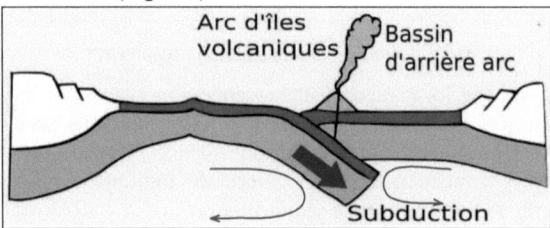

Fig. 1-5 : Bassin formé par la subduction d'une plaque sous une autre.

- Quand la plaque océanique est complètement emportée par la subduction, sa frontière active devient contiguë avec la frontière opposée passive de la lithosphère continentale. Ce dernier ne peut pas descendre à cause de sa grande épaisseur et de sa haute légèreté. Cette convergence ente deux plaques provoquent une collision entre elles, ce qui forme une **chaîne de montagnes** (Fig. 1-6). Les bordures de ces deux plaques s'imbriquent entre elles en détruisant partiellement ou totalement leurs bassins initiaux. Au contraire, la collision génère un relief topographique intense, ce qui mène à la formation des **bassins de flexion**.

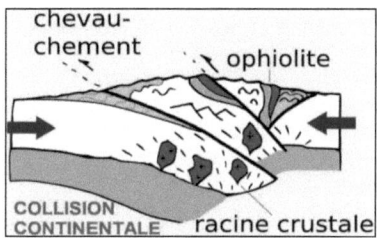

Fig. 1-6 : Formation de bassin de flexion.

- Finalement, la convergence de deux plaques ne s'accommode plus de la réduction à l'intérieur de la chaîne de montagnes ; cette convergence sera alors transférée à un autre endroit de la surface terrestre, et la chaîne de montagnes deviendra inactive. La compression horizontale générée par cette convergence va donc cesser pour laisser place à une contrainte gravitaire, qui provoque une effondrement de la chaîne. En combinant avec l'érosion, ce processus peut mener à la disparition de la chaîne, en laissant sur la surface terrestre un substratum structuralement complexe composé des roches intrusives et métamorphiques de la chaîne et des bassins initiaux. En particulier, un type de roche appelé **"ophiolite"** se trouve dans la relique qui est témoin d'un océan qui a disparu.

1.1.2. Formation des roches sédimentaires

Cycle géologique de roche

Les roches sédimentaires font partie d'un cycle de transformation complexe nommé **"cycle géologique"** (Fig. 1-7). Suite aux déformations tectoniques ou à leur enfouissement en grande profondeur, les **roches sédimentaires** sont transformées en roches **métamorphiques**. A profondeur plus grande encore, la pression et la température sont encore plus hautes, et ces roches sont fondues en **magma**. Ces matières liquides peuvent alors monter par convection ou par flottabilité vers la surface, où la pression et la température sont inférieures. Sur le chemin ce magma se recristallise en formant des **roches ignées**.

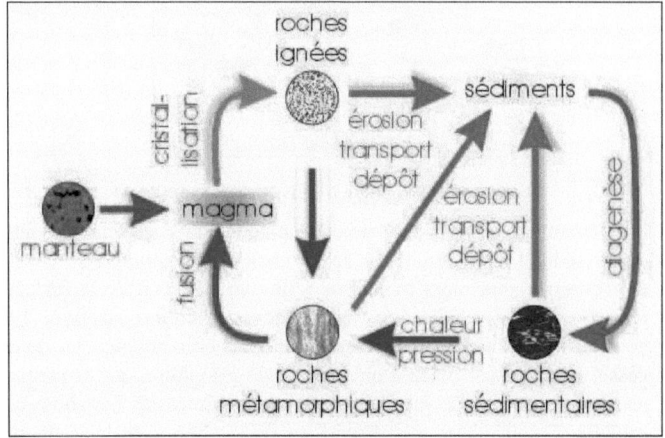

Fig. 1-7 : Cycle géologique de roche.

Dépôt de sédiments

Concernant la formation des roches sédimentaires elles-mêmes, deux processus majeurs sont responsables : ce sont le **dépôt de sédiments**, et la **diagenèse** qui représente la transformation de ces sédiments en roches. Trois principaux types d'environnements se différencient pour le dépôt de sédiments :

- **environnement continental** (Fig. 1-8), où la surface de la Terre, surtout la partie de haute élévation, est exposée à l'effritement et à l'érosion dû aux facteurs multiples : le vent, la pluie, le gel, et les activités biologiques. Des débris de tailles très diverses sont enlevés du terrain et transportés sous l'effet de la gravité seule, ou par les cours d'eau, ou encore par le vent. Ces débris dits **"terrigènes"** sont triés et déposés le long du trajet selon l'énergie souvent décroissante de leur transporteur ; dans le cas général, les blocs les plus lourds, galets ou sables ne vont pas loin, au contraire des matières les plus fines et les plus légères comme les argiles, qui sont déposées quand le courant transporteur devient quasiment inactif. Durant la diagenèse, les sables sont transformés en grès qui peuvent former d'excellents réservoirs ; et les argiles deviennent des roches couverture. A l'approche de la côte, certaines rivières forment un **delta** sous l'influence mixte de la rivière et de l'océan. Des forêts peuvent s'y développer sous un climat chaud et humide, ce qui mène au dépôt de matières organiques d'origine végétable. Si l'enfouissement se déroule vite avant que les bactéries s'interviennent, des roches mères peuvent se former. D'une manière similaire, des matières organiques se déposent également au bord des lacs avec une source secondaire en provenant des algues et des bactéries. Les lacs se présentent aussi en tant qu'un environnement favorable à la **précipitation des calcaires** ($Ca^{2+} + CO_3^{2-} = CaCO_3$, avec $H_2O + CO_2 = H_2CO_3 = 2H^+ + CO_3^{2-}$), dont le calcium est produit par l'érosion chimique et transporté par une rivière affluente du lac. Les calcaires peuvent former des réservoirs carbonatés.

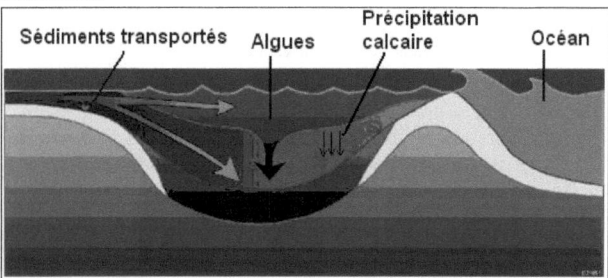

Fig. 1-8 : Processus sédimentaire continental.

- **milieu marin peu profond** : où les matières détritiques quittent l'écoulement unidirectionnel de la rivière pour se mettre sous l'influence des marées et des vagues (Fig. 1-9). Ce nouvel hydrodynamisme peut empêcher le dépôt des matières les plus légères comme les argiles, pendant que les graines les plus lourdes se déposent, ce qui peut générer de bons réservoirs. Les argiles peuvent également se déposer pendant la période de beau temps ou de repos de marée, quoique re-mobilisables par les nouvelles marées ou vagues de beau temps ou de tempête. Les régions sans afflux détritiques sont propices au développement des plateformes calcaires d'origine biologique (de microfaune et microflore pélagique ou benthique, et de barrière de corail) ou chimique (comme les concrétions microscopiques connues sous le nom d'**oolithes**).

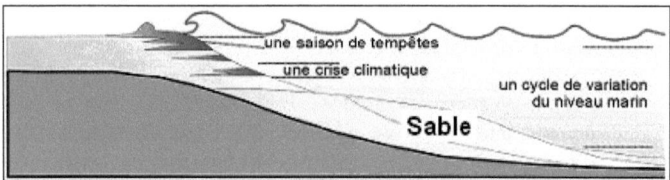

Fig. 1-9 : Processus sédimentaire : milieu marin peu profond.

- **milieu marin profond** (Fig. 1-10) : où le sédiment est composé de matières détritiques les plus fines comme les argiles d'origine continentale, de coquilles microscopiques, de plancton issu de la proche-surface océanique, et de matières organiques d'origine continentale transportées avec les argiles, ou d'origine océanique comme le plancton. Des roches mères peuvent se former si la substance organique excède 1% du volume total de la roche. Des exceptions arrivent pendant les phases de bas niveau marin durant lesquelles l'embouchure de la rivière est proche du bord du plateau continental et délivre directement le matériel détritique au milieu marin profond, ou pendant que les sables initialement déposés sur le plateau continental sont retravaillés et remobilisés par les courants ou par glissement gravitaire sur la pente continentale. Ces afflux dans l'offshore profond sont appelés **"turbidités"**, et le réservoir ainsi formé est dit **"turbiditique"**.

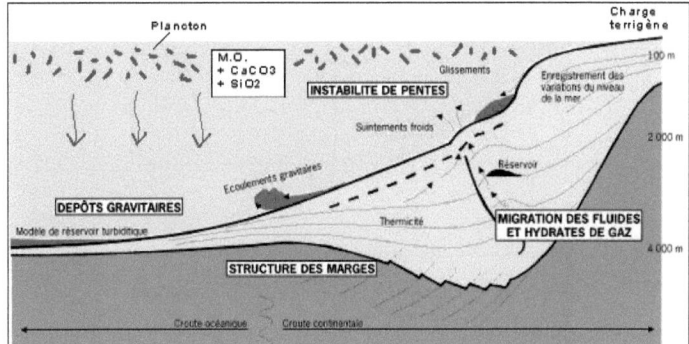

Fig. 1-10 : Processus sédimentaire : milieu marin profond.

Diagenèse des roches

La diagenèse comprend un ensemble de processus physico-chimiques et biochimiques par lesquels les sédiments généralement meubles et riches en eau sont transformés en roches sédimentaires compactes tout au long de leur enfouissement. Les principaux processus sont :

- l'**action des êtres vivants** en surface : les animaux fouisseurs favorisent le mélange des sédiments fins, et les protozoaires et bactéries interviennent dans la dolomitisation, la formation des phosphates, de la pyrite, du pétrole, et des charbons ;

- la **compaction** en profondeur : sous le poids des couches de dépôt successif, les particules solides initialement indépendantes vont se tasser en expulsant l'eau (Fig. 1-11) ;

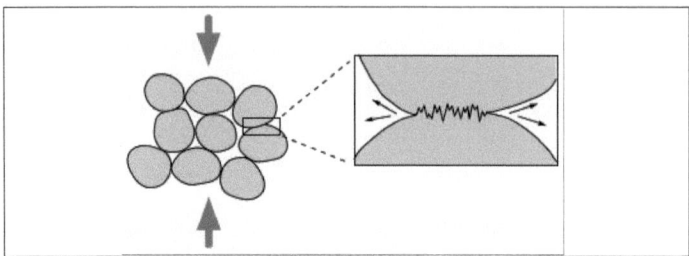

Fig. 1-11 : Compaction et cimentation (mécanique).

- la **cimentation** (Fig. 1-12) : pendant la compaction, les particules vont aussi se coller les unes aux autres par encastrement mécanique ; de plus, sous des pressions et températures adéquates, les minéraux présents dans l'eau se transforment chimiquement en "colle" pour relier les grains entre eux.

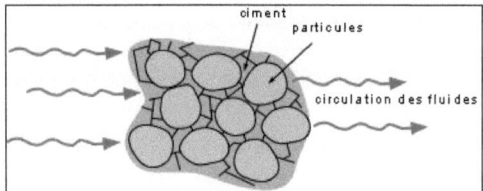

Fig. 1-12 : Cimentation chimique.

Les "pores" formés dans la roche sont occupés par des fluides ; avec plus ou moins de "pores", la roche est dite d'une "**porosité**" plus ou moins grande. Les trous sont reliés entre eux ; selon leur taille et leur agencement, la roche laisse les fluides s'écouler plus ou moins facilement, ce qui est appelé la "**perméabilité**". La porosité et la perméabilité d'une roche sont deux paramètres importants dans les systèmes pétroliers.

1.1.3. Formation et migration des hydrocarbures

Transformation de kérogène

Les hydrocarbures sont formés à partir des dépôts organiques (cadavres d'animaux, débris de végétaux, plancton, etc.). Dans les premières centaines de mètres de leur enfouissement, les matières organiques se transforment en **kérogène** qui est un assemblage macromoléculaire de produits carbonés. Les roches sédimentaires contenant plus de 1% de kérogène sont appelées "roches mères". La présence des roches mères n'est pas un phénomène fréquent, il nécessite le remplissage des conditions suivantes réunies à sa formation :

- l'existence d'une biomasse vivante abondante dans le milieu ou à sa proximité ;
- un transport des débris organiques sur de courtes distances afin de minimiser l'altération et la dispersion ;
- l'absence d'oxygène dissout dans l'eau pour éviter la consommation des débris organiques par des bactéries aérobies et le retour du charbon organique dans l'atmosphère sous forme de CO_2.

Le kérogène est transformé en huile et gaz durant son enfouissement sous les nouvelles couches de sédiments (Fig. 1-13). Cette transformation est le résultat d'une "cuisson" douce sous une température croissante (une augmentation de $30°C$ par kilomètre de profondeur) qui se réalise en trois phases :

- La première phase est appelée la **diagenèse** ; elle se produit à une profondeur inférieure à 2000 mètres où la température ne dépasse pas $60°C$. Le kérogène forme des produits mobiles fortement oxygénés comme l'eau, le dioxyde de carbone, les résines, et les asphaltènes ; il n'y a pas encore d'hydrocarbures. Le kérogène est dit immature dans cette phase.
- La deuxième phase est nommée la **catagenèse** ; elle concerne une profondeur de 2 à 4 km et une température de 60 à $120°C$. Le kérogène est maintenant mature ; il produit d'abord l'huile puis le gaz. Le gaz est généré sous une série de réactions chimiques

appelée "le craquage thermique", soit à partir du kérogène directement (craquage primaire), soit à partir de l'huile déjà générée (craquage secondaire).

- La troisième phase est appelée la **métagenèse** ; seuls le méthane, ou des gaz secs sont produits à partir du kérogène subsistant. La roche est dite "sur-mature" dans cette phase.

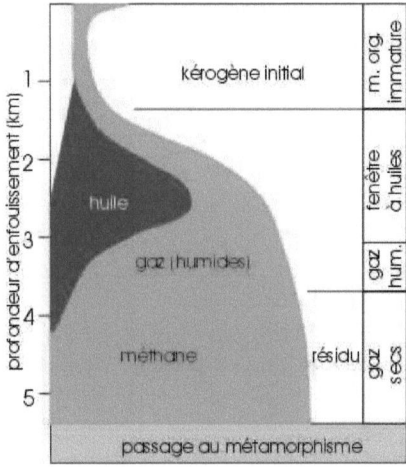

Fig. 1-13 : Transformation de kérogène en hydrocarbures.

Migration d'hydrocarbures

Le pétrole formé dans les roches mères migre dans les port-terrains pour aller jusqu'aux pièges ou à la surface, via deux migrations dites "primaire" et "secondaire" respectivement (Fig. 1-15). Il s'agit d'une expulsion sous pression de l'eau, de l'huile et du gaz de la roche mère dans la **migration primaire**. L'eau est expulsée dans un premier lieu, le pétrole n'est expulsé qu'après qu'un seuil de saturation des hydrocarbures est atteint dans le réseau poreux de la roche mère. L'huile et le gaz sont quasiment insolubles dans l'eau ; ils constituent donc des phases séparées dans le réseau poreux de la roche mère. La loi de Darcy dite "multiphasique" est utilisée pour décrire le mécanisme de migration primaire :

$$\overrightarrow{V_p} = -\frac{Kkr_p}{\mu_p}(\overrightarrow{\nabla}P_p - \rho_p\overrightarrow{g})$$

$$\overrightarrow{V_e} = -\frac{Kkr_e}{\mu_e}(\overrightarrow{\nabla}P_e - \rho_e\overrightarrow{g})$$

$$P_c = P_p - P_e = \frac{2\sigma\cos\theta}{r} \quad \text{(Fig. 1-14)}$$

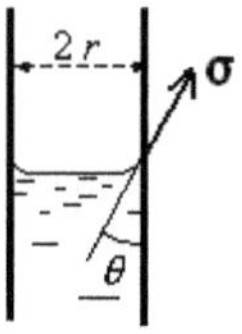

Fig. 1-14 : Pression capillaire.

Où :

V_p, V_e	vitesse d'expulsion du pétrole, de l'eau (m/l)
K	perméabilité intrinsèque (m^2)
kr_p, kr_e	perméabilité relative au pétrole, à l'eau
μ_p, μ_e	viscosité dynamique du pétrole, de l'eau ($P_a \cdot s$)
ρ_p, ρ_e	masse volumique du pétrole, de l'eau (kg/m^3)
g	accélération gravitaire ($9,81 m/s^2$)
P_p, P_e	pression de pore du pétrole, de l'eau (N/M^2)
P_c	pression capillaire (N/m^2)

σ la tension inter-faciale (N/m), voir Fig. 1-14.

r radius (m)

La **migration seconde** est actionnée par trois forces en opposition, qui sont la flottabilité $F = (\rho_p - \rho_e)gh$, la pression capillaire décrite ci-dessus et le gradient de pression. La pression capillaire est souvent prédominante car la taille des pores est en générale très petite. Des accumulations sont formées quand les hydrocarbures sont stoppés par une barrière imperméable ou capillaire.

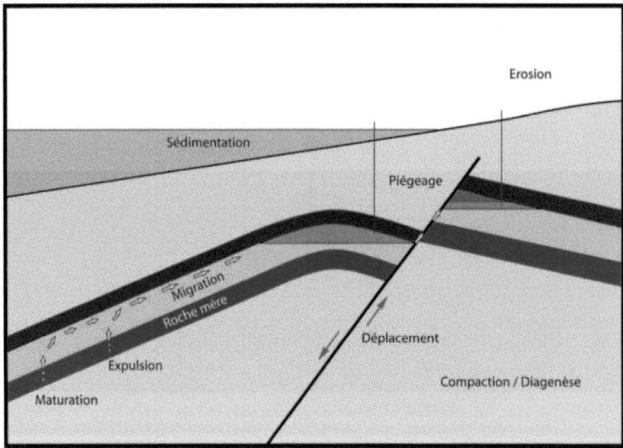

Fig. 1-15 : Formation et migration du pétrole.

1.1.4. Formation de piège

Le piège est le mécanisme qui "piège" une quantité adéquate d'hydrocarbures le long du chemin de migration. Les pièges en forme de dôme appelés "**pièges anticlinaux**", ceux limités par une **faille** ou par un **dôme de sel** sont trois types de piège qui se présentent régulièrement au sein d'un système pétrolier (Fig. 1-16).

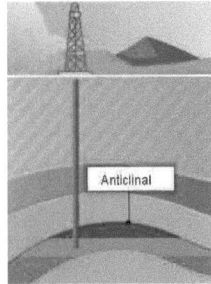 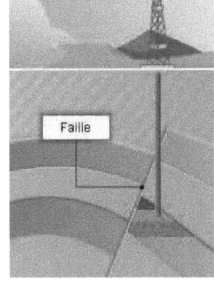 

(a) Piège anticlinal.   (b) Piège limité par une   (c) Piège limité par un
                                      faille.   dôme de sel.

Fig. 1-16 : Pièges classiques.

Sous l'effet de contraintes tectoniques extensives ou compressives induites par les mouvements des plaques ou par le poids des couches de sédiments, le bassin peut se déformer jusqu'à sa rupture en blocs. Ces blocs glissent alors le long de leurs surfaces de rupture appelées **"failles"**. En régime d'extension la faille est dite **"normale"** (Fig. 1-17 gauche) ; en compression la faille est dite **"inverse"** ou **"anticlinale"** (Fig. 1-18 gauche). Quand la déformation implique seulement le bassin lui-même ou sa partie supérieure sans que le socle soit touché, on dit qu'il y a un **"décollement"** (Fig. 1-17 droite et Fig. 1-18 droite). De deux côtés du décollement les pièges sont différents en géométrie et en âge.

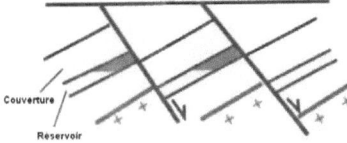 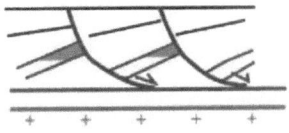

Fig. 1-17 : Faille normale.

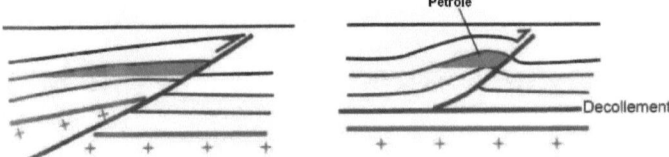

Fig. 1-18 : Faille anticlinale.

Dû à leur relative légèreté, les couches de sel ont tendance à soulever les autres couches de sédiments en formant des grosses bulles puis des dômes. Par leur absence de porosité et de perméabilité, les dômes de sel constituent des barrières d'écoulement pour le pétrole.

1.2. Modélisation de bassin

1.2.1. Différentes techniques d'exploration

Dans l'exploration traditionnelle, une **campagne de mesures sismiques** est d'abord réalisée, qui consiste à envoyer des ondes sonores dans le sous-sol et à analyser leurs retours déviés par les obstacles rencontrés sur le parcours, afin de déduire la structure des couches et localiser les pièges (Fig. 1-19). Le défaut de cette méthode géophysique réside dans le fait qu'il soit impossible de voir les détails. Un autre inconvénient est son coût, puisqu'il faut compter environ 10 à 30 millions de dollars pour une campagne sismique !

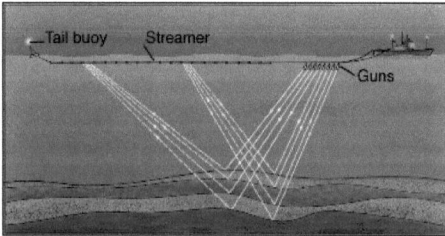

Fig. 1-19 : Enquête sismique.

Le **forage d'exploration** est ensuite effectué sur le piège potentiel pour confirmer la présence du pétrole, et pour analyser les couches traversées, ce qui consiste en :

- traitement et analyse des déblais de forage ;
- prélèvements de carottes ;
- diagraphie (Fig. 1-20): mesure de paramètres électriques, radioactifs, acoustiques … au cours du forage.

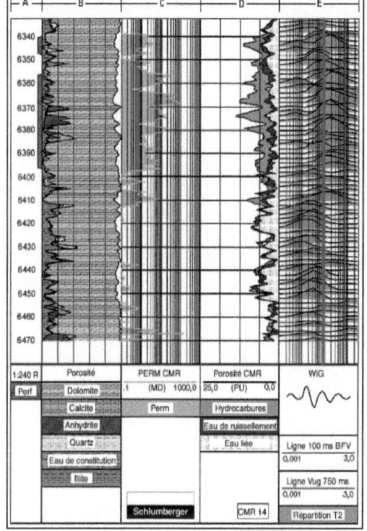

Fig. 1-20 : Diagraphie de forage [44].

Le forage est une méthode très précise : sa résolution est de 10 à 15 centimètres. Pourtant, il est très coûteux de réaliser un forage : le prix est de 2 à 10 millions dollars pour une opération terrestre à 3000 mètres ; de 15 à 30 millions dollars pour un forage équivalent en mer ; et de 100 millions dollars en mer profonde.

Le coût de l'exploration traditionnelle est augmenté par le fait qu'un forage sur trois a réussi à trouver du pétrole en zones connues ; et en zones peu connues, un sur cinq. Pour réduire les risques économiques de l'exploration, des modèles numériques sont construits [35] dans le but d'obtenir une compréhension quantifiée de la formation du système pétrolier au sein du bassin exploré. Cette technique est appelée "la modélisation (ou la simulation) de bassins". En retraçant l'histoire des hydrocarbures depuis leur formation, leur migration, et jusqu'à leur piégeage, la simulation de bassins permet d'évaluer, à partir de l'évolution géométrique des couches sédimentaires et des caractéristiques des sédiments, la présence des hydrocarbures dans un piège, leur qualité et quantité, et le risque de surpression qui pourrait endommager le puits de forage.

1.2.2. Modélisation de l'histoire d'enfouissement

L'enfouissement ou la surrection d'une roche sédimentaire résulte des processus suivants :

- La convection asthénosphérique qui donne lieu à l'extension ou la compression de la lithosphère. En général, une extension provoque une subsidence, et une compression résulte en une surrection. Une surrection peut aussi provenir d'un réchauffement de la lithosphère par des cellules de convection ascendantes. Ceci crée un dôme par la dilatation.

- L'empilement des sédiments qui impose une charge additionnelle au substratum et induit une subsidence supplémentaire liée à un équilibrage isostatique avec l'asthénosphère. La surrection donne suite à une érosion qui décharge le substratum, ce qui forme une surrection supplémentaire.

- La charge sur une couche de sédiments provenant de l'empilement des couches successives supérieures conduit à une compaction, donc à une réduction d'épaisseur, ce qui correspond à une subsidence supplémentaire.

Tous ces facteurs sont pris en compte dans une méthode dite "backstripping" pour reconstruire l'histoire d'enfouissement des couches de sédiments :

- premièrement, à l'aide des enregistrements des puits, des analyses sédimentologiques et de la stratigraphie, la pile de sédiments est divisée en couches discrètes ; à chaque couche une lithologie est attribuée (argile, limon, grès...) avec un âge ;

- pour chaque lithologie, une courbe empirique $\Phi(z)$ lui est associée pour décrire la variation de sa porosité fonction de la profondeur (Fig. 1-21) ;

- la couche la plus récente est enlevée. La répercussion de ce déchargement est propagée sur les autres couches en rétablissant leur nouvelle épaisseur selon la courbe $\Phi(z)$. De cette manière, le bassin est « épluché » couche par couche jusqu'à son socle ; l'histoire de son enfouissement est ainsi retracée.

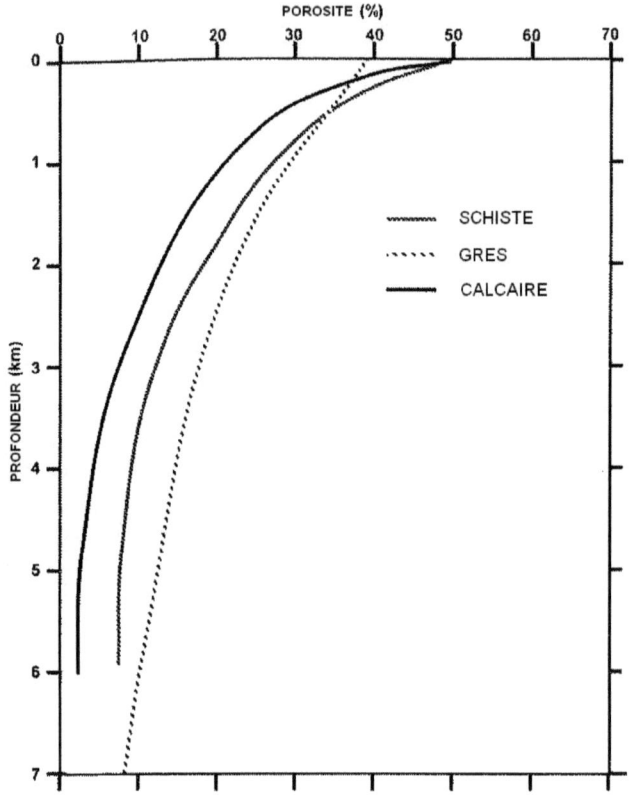

Fig. 1-21 : Courbes profondeur-porosité pour les calcaires, les grès, et les
schistes [44].

1.2.3.   Modélisation de l'histoire thermique

Le flux thermique terrestre diffuse à travers la pile de sédiments. De
plus, cette pile peut contenir des sources de chaleur comme les
radionucléides ; elle peut aussi être réchauffée ou refroidie par la
convection sous des formes variées. En prenant compte de tous ces

facteurs, l'équation générale décrivant le transfert thermique dans les sédiments [30] prend la forme ci-dessous :

$$(\rho C)\frac{\partial T}{\partial t} = (\rho C \overrightarrow{V_s} + \rho_e C_e \overrightarrow{u})\frac{\partial T}{\partial t} \times \frac{\partial}{\partial z} + (\lambda \frac{\partial T}{\partial z}) + A \text{, avec}$$

u	vitesse de filtration d'eau par rapport à la matrice solide (m/s)
V_s	vitesse d'enfouissement (m/s)
ρ, ρ_e	masse volumique de sédiment et de l'eau (kg/m^3)
λ	conductivité thermique de sédiments en bulk ($W/m/°K$)
T	température ($°K$)
t	temps (s)
z	profondeur (m)
A	production de chaleur dans le sédiment (W/m^3)
C, C_e	capacité thermique de la matrice de roche, de l'eau ($J/kg/°K$)

Chaque lithologie est caractérisée par une conductivité thermique(λ), une capacité thermique (C) et une production de chaleur en provenant des radionucléides (A). La conductivité thermique est recalculée à chaque profondeur selon la porosité correspondante :

$$\lambda = \lambda_s (\frac{\lambda_e}{\lambda_s})^\varphi \text{, avec}$$

λ_e, λ_s	conductivité thermique de l'eau, de la matrice solide ($W/m/°K$)
φ	porosité

La conductivité thermique dépend aussi de la température :

$$\lambda = \lambda_O (\frac{1}{1 + \alpha(T - T_0)}) \text{, avec}$$

λ, λ_0 conductivité thermique à température T, à T_0 $(W/m/°K)$

α coefficient de dépendance

T_0 température de sol

La capacité thermique dépend aussi du contenu en eau donc de la porosité ; elle satisfait l'équation suivante :

$$\rho c = \rho_e c_e \phi + \rho_s c_s (1 - \phi) \text{, avec}$$

ρ, ρ_e, ρ_s masse volumique de la roche en bulk, de l'eau et de la matrice solide (kg/m^3)

c, c_e, c_s chaleur spécifique de la roche en bulk $(Joule/°K)$

φ porosité

1.2.4. Modélisation cinétique de la formation du pétrole

A l'instar du premier modèle numérique de craquage du kérogène né en 1969 à l'IFP [28], la plupart des modèles actuels employés dans l'industrie utilisent un ensemble d'équations parallèles (dans le sens indépendant) de premier ordre pour décrire les craquages primaires et secondaires. Concrètement, pour une réaction *i*, on a

$$\frac{dC_i}{dt} = -k_i C_i$$

Dont k_i est une caractéristique fortement dépendant de la température :

$$k_i = A_i e^{-E_i/RT} \text{, avec}$$

A_i facteur fréquentiel (s^{-1})

E_i énergie d'activation $(Joules/Mole)$

kr_p, kr_e perméabilité relative au pétrole, à l'eau

R constante de gaz parfaits $(\cong 2)$

$$T = \quad T_0 + gz$$

avec T température ($°K$), T_0 température du sol, g gradient géothermal ($°K/m$) et z profondeur (m)

Le craquage primaire est décrit par 10~20 réactions relatives à différents types de liens dans le kérogène (Fig. 1-22). La distribution des concentrations initiales de ces liens dans un kérogène caractérise sa nature. Le craquage secondaire est décrit par 1~10 réactions selon différents modèles.

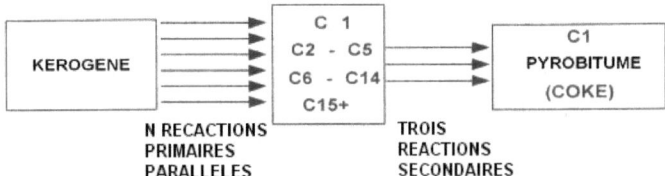

Fig. 1-22 : Schéma d'un modèle cinétique de la formation du pétrole [44].

1.2.5. Modélisation de migration

Les lois physiques utilisées dans la modélisation de migration [31] sont celles qui décrivent l'écoulement de fluides dans des milieux poreux. C'est une formulation basée sur la conservation de la masse pour les différentes phases composant les fluides (l'eau, l'huile et le gaz) : la variation en temps de la masse à l'intérieur d'un volume est égale au flux passé à son interface, plus la quantité éventuelle générée par une source interne :

$$\frac{\partial}{\partial t}(\phi \rho_i s_i) + div(\phi \rho_i s_i \vec{v_i}) = \rho_i q_i, \text{ avec}$$

$$\sum_i s_i = 1$$

ϕ porosité de la roche

ρ_i masse volumique (densité) de la phase i (kg/m^3)

s_i saturation de la phase i

$\overrightarrow{v_i}$ vitesse moyenne de la phase i (m/s)

q_i terme source dû au craquage thermique

Le deuxième terme à gauche de l'équation comprend la vitesse de filtration ($s_i\phi\overrightarrow{v_i}$) de la phase correspondante ; elle est dépendante de la pression selon la loi de Darcy polyphasique :

$$\overrightarrow{u_i} = s_i\phi\overrightarrow{v_i} = -\frac{Kkr_i}{\mu_i}(\overrightarrow{\nabla}P_i - \rho_i\overrightarrow{g}), \text{ avec}$$

$\overrightarrow{u_i}$ vitesse de filtration de la phase i (m/s)

K perméabilité intrinsèque (m^2)

kr_i perméabilité relative à la phase i

μ_i viscosité dynamique de la phase i ($P_a\cdot s$)

ρ_i densité de la phase i (kg/m^3)

$\overrightarrow{g}$ accélération gravitaire ($9,81 m/s^2$)

P_i pression de la phase i (N/M^2)

Les deux groupes des EDP ci-dessus forment un système permettant de calculer en fonction du temps et de l'espace, la pression et la saturation de chaque phase composante des fluides, en adoptant des schémas numériques adéquats. Une difficulté dans ces simulations est la connaissance de la porosité et de la perméabilité des couches sédimentaires à un point quelconque dans le bassin tout au long de son histoire géologique. Cette difficulté est maintenant surmontée dans les simulateurs de bassin tridimensionnels [33].

1.2.6. Schémas numériques

La forme générale de différentes EDP montrées ci-dessus est exprimée par :

$$au_{xx} + bu_{xy} + cu_{yy} + du_x + eu_y + fu + g = 0$$

Ces équations représentent des modèles mathématiques dans lesquels une variable (u) dépend de plus d'une variable indépendante entre elles (x, y). Elles sont dites "linéaires" si les coefficients de dérivées sont indépendants de u. Les EDP linéaires de seconde ordre sont classées comme "hyperboliques", "paraboliques" ou "elliptiques" en cas d'une valeur supérieure, égale, ou inférieure à zéro de leur discriminant "b^2-$4ac$", respectivement. Sauf cas particuliers, il est impossible de trouver des solutions analytiques pour de tels modèles mathématiques. Il est donc nécessaire d'avoir recours aux schémas numériques pour estimer qualitativement et quantitativement ces solutions. Le principe de toutes les méthodes de résolution numérique des EDP est de "discrétiser" les fonctions (continues) par un nombre fini de valeurs, et de calculer ensuite des résultats approximatifs en appuyant sur la discrétisation. Des analyses sont réalisées pour un schéma numérique qui comprennent des études suivantes :

- existence de solutions,
- unicité de la solution,
- stabilité,
- convergence,
- mesure d'erreur.

Les méthodes des différences finies [51], celles des éléments finis ([29], [48]) et des volumes finis [49] sont trois catégories de méthodes de résolution couramment pratiquées. Toutes ces méthodes construisent en premier lieu un maillage discrétisant le domaine. Dans le cas des méthodes de différences finies l'approximation s'appuie sur le pas de maillage représenté par la distance entre deux nœuds successifs dans le maillage (Fig. 1-23) ; pendant que celles d'éléments finis approchent les fonctions continues selon les cellules (segments en 1D ; triangles, quadrilatères et autres types de polygones en 2D ; tétraèdres, pyramides, prismes ou hexaèdres ... en 3D) de maillage, et que les méthodes des volumes finis se réalisent sur les petits volumes (en 3D, surfaces en 2D et segments en 1D) dont la réunion forme le domaine d'étude.

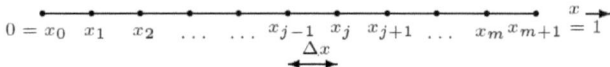

Fig. 1-23 : Pas de maillage.

Bien que théoriquement une méthode numérique soit transposable en dimensions supérieures du support, techniquement la complexité de création des discrétisations croît avec la dimension. De plus, en pratique on résout rarement des problèmes en dimensions supérieures à trois. Pour les problèmes dynamiques en espace à trois dimensions, au lieu d'être traités en quatre dimensions, ils sont traités en réalité avec une méthode mixte des éléments finis ou des volumes finis « en espace » et de différences finies « en temps ».

Méthodes des différences finies

Les méthodes de différences finies sont les plus faciles d'accès ; et les schémas numériques correspondants sont robustes. Ces méthodes reposent sur la discrétisation des opérateurs de dérivation/différentiation (assez intuitive) par différences finies :

- Différence avant : $u_x(x_j) \approx \dfrac{u(x_j + h) - u(x_j)}{h}$

- Différence arrière : $u_x(x_j) \approx \dfrac{u(x_j) - u(x_j - h)}{h}$

- Différence centrée : $u_x(x_j) \approx \dfrac{u(x_j + h) - u(x_j - h)}{2h}$

Les formules ci-dessus sont utilisées avec une petite valeur finie comme $h = \Delta x$. En substituant les dérivées/différentielles par une forme d'approximation ci-dessus pour tous les points du maillage, un système linéaire est obtenu pour lequel la résolution est immédiate.

Les méthodes des différences finies sont désavantageusement inadaptées aux géométries complexes. Les discontinuités du domaine sont mal prises en compte à cause de leur stratégie d'approximation très simplifiée. Cette catégorie de méthode n'est donc pas retenue dans le contexte de cette thèse.

Méthodes des éléments finis

Les méthodes des éléments finis fournissent des résultats précis pour les géométries complexes, quoiqu'il soit très coûteux de mettre en place un tel système. Ce type de schémas est plus flexible et plus général que celui de méthodes de différences finies. Il permet des approximations d'un ordre élevé ; et sa base mathématique est solidement fondée. Les méthodes des éléments finis ont une utilisation très répandue : leurs applications sont présentes dans les domaines de l'acoustique, de la mécanique, de la thermodynamique, et dans beaucoup d'autres domaines scientifiques.

L'idée principale des méthodes des éléments finis est d'approcher une fonction par une somme de fonctions de base, et d'obtenir un système linéaire après la discrétisation des dérivées :

$$u(x) \approx \hat{u}(x) = \sum_{j=1}^{M} u_j \phi_j(x), \text{ avec}$$

ϕ_j fonctions de base

u_j M inconnues nécessitant M équations

Un élément fini est ainsi un triplet composé de l'objet géométrique (cellule du maillage), de l'espace fonctionnel linéaire de dimensions finies dont le support est la cellule, et d'un ensemble de degrés de liberté. Les valeurs nodales sont interpolées des valeurs des grandeurs inconnues aux nœuds. Contrairement aux méthodes des différences finies qui effectuent des approximations de dérivées, les méthodes des éléments finis utilisent des approximations d'intégrales basées sur une formulation variationnelle (forme faible) de l'équation à résoudre.

Méthodes des volumes finis

Initialement conçues pour des lois de conservation, les méthodes des volumes finis emploient, comme les méthodes d'éléments finis, des approximations d'intégrales. Toutefois, ces méthodes sont fondées directement sur la forme dite forte de l'équation. D'ailleurs, au lieu d'approcher nœud par nœud dans le maillage comme les deux premières catégories de méthodes, les méthodes des volumes finis réalisent des approximations sur la valeur intégrale moyenne du volume de maille. Pour ce faire, les intégrales de volume d'un terme de divergence sont transformées en intégrales de surface en utilisant le théorème de flux-divergence. Ces termes de flux sont ensuite évalués aux interfaces entre les volumes finis. On utilise une fonction de flux numérique pour faire une approximation des flux aux interfaces. Comme le flux entrant dans un volume donné est égal au flux sortant du volume adjacent, ces méthodes sont conservatives. Ce qui est particulièrement important lorsqu'on résout des lois de conservation.

Un autre avantage des méthodes des volumes finis est qu'elles traitent les discontinuités dans les solutions. Ces méthodes sont naturellement adaptables aux hétérogénéités du domaine. Avec une implémentation peu coûteuse, elles sont facilement utilisables avec des maillages non-structurés. Étant maintenant bien maîtrisées, ces méthodes sont soutenues par des théories de stabilité, de convergence, et de précision bien établies. En prenant en compte toutes ces caractéristiques, malgré un calcul moins précis que celui des méthodes des éléments finis, les méthodes des volumes finis deviennent un choix privilégié pour réaliser des simulations d'écoulement ; c'est le cas dans le contexte de cette thèse.

1.3. Problématiques de génération de maillage pour la modélisation de bassin à géométrie complexe

Dans le contexte de la modélisation de bassin, la géométrie du domaine peut devenir très complexe en raison des points suivants :

- Le mouvement tectonique et les dépôts de sédiments provoquent des déformations et des compactions des couches.
- L'apparition des failles induit une modification topologique en 2D (sur les horizons) et en 3D (à l'intérieur des couches).
- Les failles représentent des discontinuités brutales en espace et en temps. Le domaine est coupé en blocs qui manifestent des mouvements relatifs les uns par rapports aux autres.

- Les érosions entrainent une modification topologique en 2D (sur les horizons) et en 3D (à l'intérieur des couches) avec le temps.
- Les dômes de sel sont des hétérogénéités non seulement au sens physique mais aussi au sens géométrique.

La plupart des phénomènes ci-dessus restent des problèmes ouverts, surtout en 3D espace. L'objectif de cette thèse est de proposer une première méthodologie qui génère des maillages hexa-dominants évolutifs sur lesquels peut s'appuyer un schéma numérique de modélisation de bassin. On se concentre sur le traitement des failles préexistantes (leur apparition ne fait pas l'objet dans cette thèse) ; les déformations et la compaction des couches sont aussi à suivre dans le maillage.

En présence des failles, le bassin est décrit par un regroupement en espace et en temps des surfaces horizons et failles [34]. Il y a trois types de topologie élémentaires pour un horizon suite à l'intervention des failles :

- surface continue (Fig. 1-24),
- surface déchirée par des failles mais partiellement liée (Fig. 1-25),
- surface en morceaux complètement déchirée par des failles (Fig. 1-26).

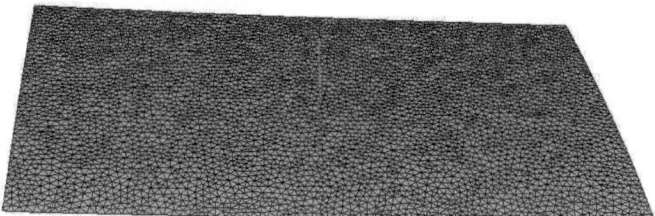

Fig. 1-24 : Surface horizon continue.

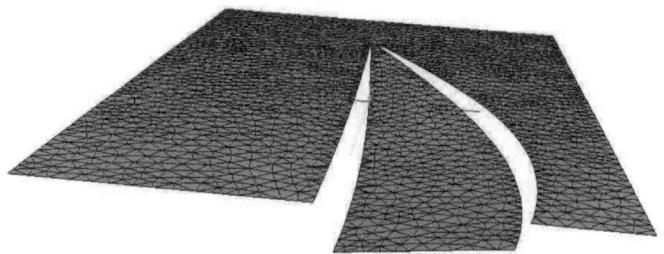

Fig. 1-25 : Surface horizon déchirée partiellement par des failles.

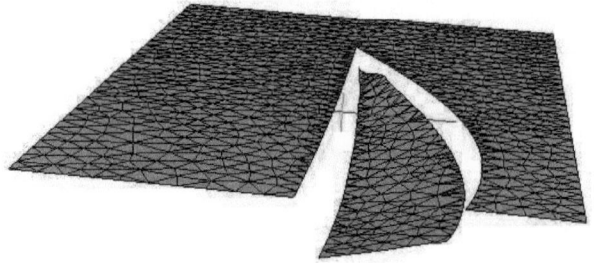

Fig. 1-26 : Surface horizon complètement déchirée en morceaux.

La difficulté de générer des maillages hexa-dominants pour un tel domaine réside dans le fait que la topologie puisse changer d'un horizon à l'autre. La prise en compte de cette non-correspondance topologique entre horizons se situe ainsi au cœur du problème.

1.4. État de l'art

1.4.1. Outils de génération de maillages pour les bassins

Dans le monde de l'exploration pétrolière, la plupart des simulateurs d'écoulement du milieu poreux actuels se basent sur des grilles régulières ou « Scottish cartésiennes » [2]. Pour essayer d'adapter les maillages aux failles et à toutes formes d'hétérogénéités, on connaît la technique du raffinement local des grilles ([7], [8]), la technique des grilles *CPG* [3], ou encore, la technique des grilles avec des nœuds dédoublés verticalement comme celle utilisée dans la plateforme de simulation d'écoulement des fluides *OpenFlow®* [53].

Les maillages décrits ci-dessus sont basés sur des grilles. Ils sont quasiment structurés, c'est-à-dire que leur topologie est fixe : chaque sommet interne est incident à un nombre fixé de mailles et chaque maille est délimitée par un nombre fixé de faces et d'arêtes. Ils ne sont ainsi adaptés qu'à une géométrie relativement simple. Pour un simulateur de bassin, tel que *TemisFlow®* [40], pour chaque âge donné, on construit un maillage par empilement des couches, représentées sur une même grille 2D (carte), reliées par des verticales. La construction du maillage est avantageusement très simple, cependant, il est impossible de représenter des failles souvent obliques.

Pour pouvoir gérer les failles, il existe des méthodes qui effectuent d'abord une décomposition manuelle par blocs suivant les failles, puis génèrent un maillage simple pour chaque bloc. C'est le cas du logiciel *RML®* [38]. Pourtant, la décomposition manuelle devient rapidement une tâche impossible dès que le nombre des failles commence à croître. Les SGrids utilisées dans gOcad [58] ne nécéssitent pas de décomposition par blocs, mais les éléments ne sont pas de bonne qualité car plus ou moins déformés en s'adaptant à la forme des failles.

Pour bien capter toute la complexité de la géométrie du milieu, il est aussi possible de construire un maillage entièrement non structuré, avec une topologie complètement arbitraire : un sommet du maillage peut appartenir à un nombre quelconque de mailles et chaque maille peut posséder un nombre quelconque d'arêtes ou de faces. On peut citer par exemple les maillages du type *Voronoï* dans [9]. Concernant le bassin, il n'existe pas de calculateur qui se réalise sur les maillages du type Voronoï.

Quoiqu'ils décrivent bien les géométries complexes, les maillages non structurés sont très lourds à construire, à manipuler et à stocker, au contraire de ceux structurés. Pour réconcilier entre les avantages et les inconvénients, des approches dites "hybrides" ont été proposées qui utilisent les maillages non structurés uniquement dans les zones à géométrie complexe ([1], [16], [18], [19], [24]). Néanmoins, le recollage des maillages non structurés aux ceux structurés reste une tâche difficile.

RML

La *RML* est un géo-modeleur développé par l'*IFP*. Il décompose manuellement en blocs le domaine suivant les failles, puis construit une *CPG* pour chaque bloc. Pourtant, il n'est pas adapté à la modélisation des bassins pour les raisons suivantes :

- La qualité des éléments n'est pas satisfaisante pour des géométries irrégulières.
- Il n'est pas pratique pour les utilisateurs d'interrompre le calcul pour obtenir la décomposition des bassins à chaque pas de temps.
- La méthode est limitée concernant la topologie du réseau de failles ; par exemple, elle incapable de gérer les failles en Y.
- Avec la présence nombreuse et aléatoire des failles, il est presque impossible d'effectuer la décomposition manuelle du milieu traité.

Fig. 1-27 montre un maillage obtenu dans *RML* :

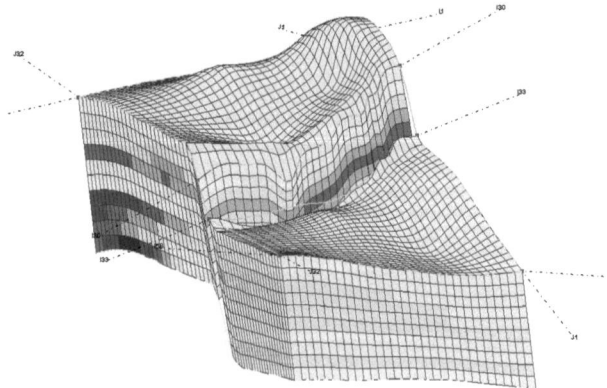

Fig. 1-27 : Maillage généré dans *RML*.

Temis2D et Temis3D

Écrit en langage *C* par l'*IFP*, *Temis2D* (Fig. 1-28) et *Temis3D* (Fig. 1-29) sont deux applications de modélisation de bassins qui ne traitent pas la géométrie complexe. Elles prennent en entrée un maillage par âge géologique pour leur calcul. D'un âge à l'autre, la topologie du maillage en directions *x* et *y* reste la même, avec une couche existante plus ou moins grossie à chaque nœud. Avec la progression des âges, le maillage a de plus en plus de couches.

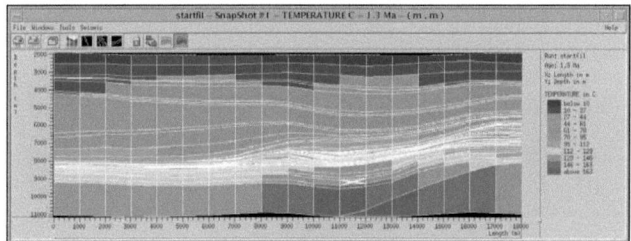

Fig. 1-28 : Temis 2D.

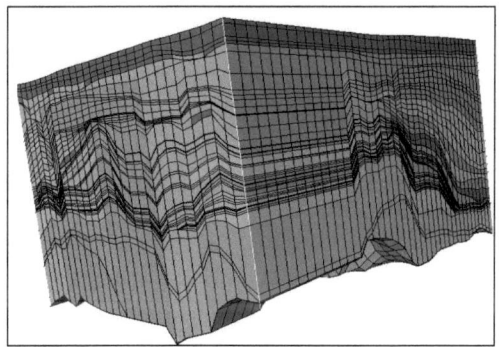

Fig. 1-29 : Maillage dans *Temis3D*.

Ceres : géométrie complexe 2D

Ceres [39] (Fig. 1-30) est aussi un produit de l'*IFP*. Il décompose le bassin selon les failles traversantes, puis il coupe verticalement chaque bloc de la même façon que *Temis*. Par conséquent, *Ceres* et *Temis* partagent une même limitation : les bords verticaux ne permettent pas de représenter les déformations structurales. Aussi, il n'est pas très intéressant d'étendre en 3D l'approche de découpage selon les failles pour deux raisons : premièrement, l'hypothèse de failles traversantes dans *Ceres* est acceptable en 2D, mais en 3D, une faille est une fissure interne pour la plupart du temps, la décomposition en blocs n'est donc pas une tâche évidente ; deuxièmement, le nombre d'éléments du maillage reste dans la capacité du calcul en 2D, mais en 3D, il pourrait devenir vite trop explosif pour être traité.

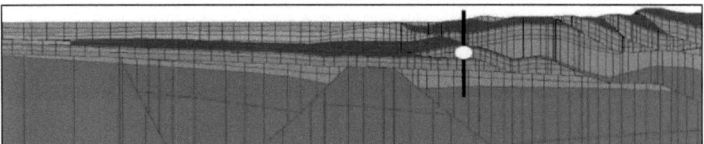

Fig. 1-30 : Maillage dans *Ceres*.

Kiné3D

Kiné3D [41] est un projet de l'*IFP* qui génère des maillages tétraédriques et hexaédriques, quoiqu'il existe certaines configurations qui ne peuvent pas être traitées. Listés ci-dessous sont trois cas de ce genre de situations :

- L'horizon est déchiré mais reste entier, celui en-dessous ou en-dessus est une surface continue ;
- L'horizon est déchiré mais reste entier, celui en-dessous ou en-dessus est totalement en morceaux ;
- L'horizon est totalement en morceaux, celui en-dessous ou en-dessus est une surface continue.

Fig. 1-31 montre qu'en cas de non-correspondance topologique de deux horizons voisins, *Kiné3D* ne sait traiter que la partie topologiquement identique.

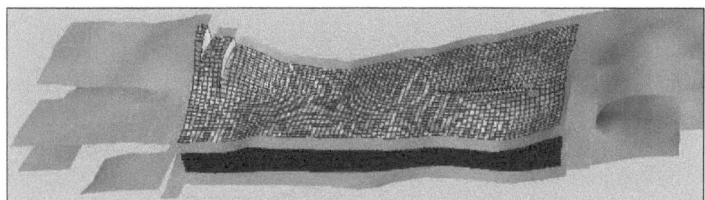

Fig. 1-31 : Maillage dans *Kiné3D*.

Hexotic

Étant encore un projet de R&D en cours de l'entreprise française *Distene*, *Hexotic* (http://ralyx.inria.fr/2004/Raweb/gamma/uid55.html) vise à mettre au point un algorithme et un logiciel de génération automatique de maillages hexa-dominants. Les méthodes utilisées sont celles d'octree avec extrusion ou révolution. L'outil va permettre une bonne représentation des angles très aigus à l'aide de prismes ; les maillages pseudo-anisotropes seront générés dans le cas des géométries minces, ou afin de représenter une métrique issue d'un calcul comme dans la mécanique des fluides où il nécessite de forts facteurs d'étirement des éléments.

Mesh-It

Un autre produit de *Distene Mesh-It* fournit une gamme de composants logiciels de pré- et post-traitement pour les chaînes de conception par le calcul, quoique non utilisé pour le bassin. Il comprend les modules suivants:

- *ST-Surf* : il génère à partir de surfaces CAO des maillages surfaciques triangulaires basés sur la méthode Voronoï, ou mixtes quadrilatère/tri basé sur une méthode frontale avec environ 5% de triangles.
- *TetMesh-GHS3D* : il crée d'une façon entièrement automatique des maillages volumiques tétraédriques à partir de maillages

surfaciques ; il permet aussi d'optimiser les maillages volumiques tétraédriques.

- *YAMS* : il permet l'optimisation de maillage tri/quadrilatère surfacique.

- *MeshAdapt* : il permet d'optimiser les maillages surfaciques et volumiques tri/tet.

- *FilToo* : il effectue le filtrage et la visualisation de données scientifiques.

Fig. 1-32 montre une image de l'IHM du produit :

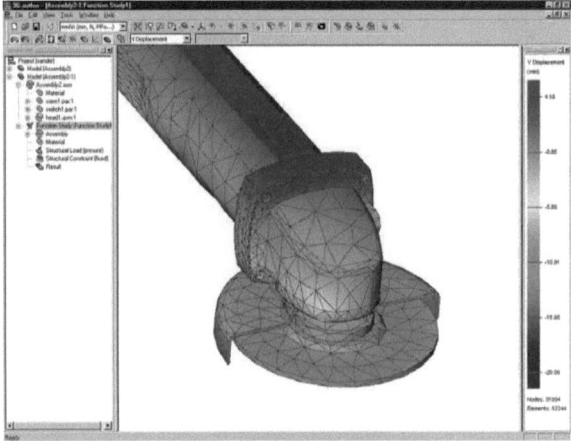

Fig. 1-32 : Mailleur *Mesh-It*.

1.4.2.   Méthodes de maillage hexa-dominant

Il existe de nombreuses méthodes de génération de maillage ; un exposé détaillé sur ces méthodes se trouvent dans [4] et [10]. Quatre grandes catégories de méthodes semblent potentiellement applicables dans le cadre de génération automatique de maillages avec principalement des éléments hexaédriques [21] :

- les approches de type octree/grille,

- les approches de type plâtrage,
- les approches par blocs,
- les approches par balayage.

Les paragraphes ci-suivants présentent et analysent ces différentes approches.

Méthodes de type octree/grille

Le principe des méthodes octree/grille consiste à emballer le domaine à mailler dans une grille, et à subdiviser ce cube d'une façon récursive jusqu'à ce que la géométrie du domaine soit bien captée, c'est à dire jusqu'à ce que le critère de la taille des mailles, qui dépend essentiellement de la distance minimale des points du contour et des ressources disponibles, soit rempli (Fig. 1-33). Des éléments tétraédriques ou hexaédriques sont alors créés à l'intersection des surfaces du domaine en suivant certains motifs d'intersections. [13] et [14] introduisent deux méthodes de maillage de type octree/grille.

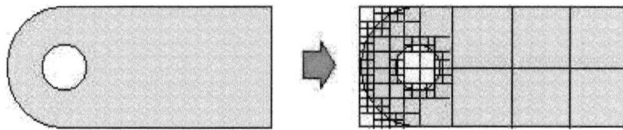

Fig. 1-33 : Décomposition octree d'un objet simple 2D.

Les méthodes d'octree/grille sont avantageusement automatisées et applicables quelque soit la géométrie. Pourtant, le maillage généré n'est pas conforme à la forme du domaine ; de plus, lorsque le contour est irrégulier, un calcul intense d'intersections est inévitable et une explosion du nombre de mailles pourrait se produire pour atteindre une bonne précision d'approximation des frontières ; ces méthodes sont surtout mal adaptées au calculateur à cause de nombreuses surfaces non coïcidentes. En bref, les outils dans le monde du maillage ayant implémenté les algorithmes d'octree/grille ne répondent pas à l'ensemble de nos contraintes.

<u>Méthodes de type plâtrage</u>

Les méthodes de type plâtrage ([11], [17]) consistent à remplir le volume du domaine avec des éléments 3D à partir du front surfacique initial du modèle et en avançant vers le centre en repartant du nouveau front qui vient d'être construit. La procédure se termine une fois que le front devient vide. Voir les deux schémas ci-après (Fig. 1-34, Fig. 1-35).

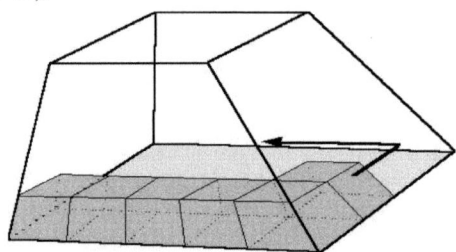

Fig. 1-34 : Méthodes de type plâtrage.

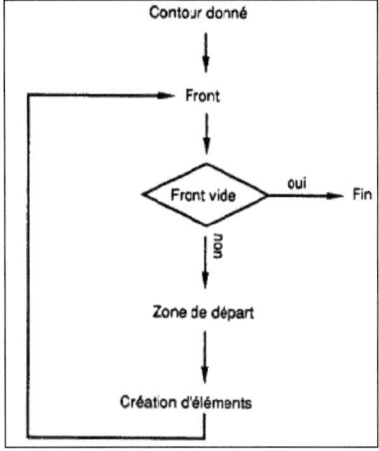

Fig. 1-35 : Schéma algorithmique des méthodes de type plâtrage.

Dans les algorithmes de plâtrage, il est difficile de déterminer les ordres d'avancée du front et de détecter et traiter les zones de collision et de divergence. Ces méthodes sont ainsi considérées comme non robustes ; surtout quand les géométries complexes sont concernées, l'obtention d'un maillage de bonne qualité n'est pas garantie. L'application de ces approches aux modèles de bassins de l'*IFP*, où les failles représentent une structure de grande complexité, n'est donc pas très intéressante.

Méthodes par blocs

Les approches par blocs consistent à décomposer le domaine concerné en blocs grossiers ayant une topologie élémentaire (triangle, quadrangle, tétraèdre, pentaèdre, et hexaèdre), puis à mailler chaque bloc indépendamment les uns les autres par des méthodes algébriques ou par résolution d'EDP, et à recoller à la fin les blocs pour former le maillage global du domaine entier. [5] et [15] présentent une telle méthode de décomposition par blocs.

La décomposition fiable du domaine est la première étape très critique pour que cette méthode génère un maillage de bonne qualité. Les méthodes de "medial axis" (une série de lignes et de courbes générées par le point central d'un cercle maximal quand il roule à travers le domaine, voir le dessin ci-dessous) en 2D ou celles de "medial surface" en 3D, bien que très complexes, pourraient être appliquées pour obtenir une telle décomposition (Fig. 1-36). Une explication détaillée sur le fonctionnement de ces méthodes se trouve dans [5].

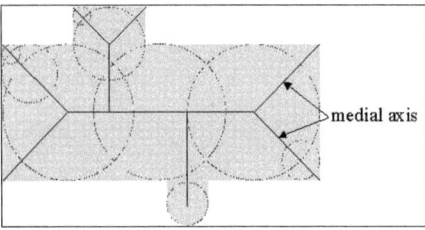

Fig. 1-36 : Décomposition par "medial axis".

Les méthodes de blocs sont encourageantes, car il est trivial de mailler une fois que la partition est achevée ; un autre grand avantage est la possibilité de résoudre le problème en parallèle sur chaque bloc. Toutefois, la partition elle-même reste très lourde et difficilement automatisable, et l'interfaçage inter-blocs doit être soigneusement géré pour assurer la conformité du recollement final.

Dans le cas de la modélisation de bassins à géométrie complexe, en particulier quand les failles traversantes ou pendantes introduisent une discontinuité du domaine, la décomposition en blocs est estimée appropriée pour produire un maillage de qualité. La transformation de "medial axis" pourrait être appliquée pour fournir la partition du modèle ; ou les failles pendantes pourraient être étendues jusqu'à ce qu'elles touchent les horizons ou les bords du domaine. Tous ces algorithmes seraient à développer à partir de zéro pour être adaptés aux besoins de l'*IFP*.

Méthodes par balayage

Parfois considérées comme maillage 2.5D, les méthodes par balayage « balaient » un maillage quadrilatéral en suivant une courbe ([12], [20]). Des couches régulières d'hexaèdres sont formées à un intervalle spécifié utilisant la même topologie que le maillage quadrilatéral. Cette technique peut être généralisée pour mailler des volumes de certaines classes par définition des surfaces de source et de cible. Multi sources et multi cibles sont possibles, et la similarité géométrique entre la surface de départ et celle destinataire n'est pas nécessaire. Fig. 1-37 montre un dessin illustratif :

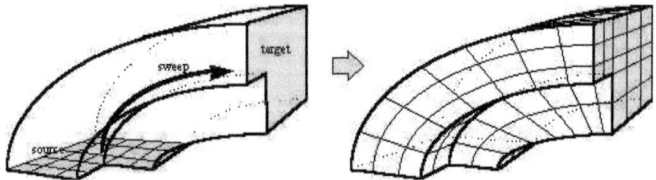

Fig. 1-37 : Méthodes par balayage.

Les maillages générés par les méthodes de balayage sont automatiquement alignés sur les interfaces, ce qui est évidemment un grand avantage. Dans le cas de modèles de l'*IFP*, un horizon faillé pourrait être considéré en tant qu'une surface avec multi sources ou multi cibles, la faille est ainsi prise en compte d'une manière naturelle et intégrale. Une autre possibilité est de mailler d'abord sans failles, puis d'insérer les failles et de calculer leurs intersections avec les horizons.

Il n'existe pourtant pas un mailleur de type balayage directement applicable aux modèles de l'*IFP*. Des algorithmes individuels se trouvent dans des outils différents pour transformer un maillage triangulé en un quadrilatéral, et pour calculer les intersections entre deux surfaces, il faudrait adopter et implémenter ces algorithmes pour développer une application de maillage adaptée aux besoins de bassins.

1.4.3. Conclusion

Les outils de génération des maillages pour les bassins disponibles à l'*IFP* ne travaillent qu'avec des géométries 3D simples. Les géométries complexes sont traitées en 2D, mais leur extension en 3D est loin d'être immédiate. Quant aux produits de *Distene*, l'application *Mesh-It* ne produit que des maillages tétraédriques ; par contre, le mailleur *Hexotic* est conçu pour générer des maillages hexa-dominants, quoiqu'il soit encore en cours de développement et que la méthode employée soit celle d'octree, imprégné donc inévitablement des défauts de non-conformité de géométrie. En bref, il faudra développer des outils et des algorithmes innovateurs pour atteindre les objectifs de génération de maillages pour les bassins à géométrie complexe.

Quant à la méthodologie générale existante de génération des maillages hexa-dominants, il parait qu'aucune des quatre grandes catégories de méthodes de génération de maillage hexa-dominant ne réponde à la totalité de contraintes de l'*IFP*. Les approches de type octree/grille sont favorablement automatisées mais un nombre significatif d'éléments sera inévitable pour bien capter la géométrie du modèle, ce qui pourrait dépasser très facilement la capacité de calcul de la machine. Les approches de type plâtrage conviennent encore moins aux besoins de l'*IFP* car difficilement gérables et non robustes. Les méthodes par blocs ou par balayage génèrent des éléments de qualité prometteuse, quoique la présence des failles ajoute un niveau très élevé de complexité à gérer très soigneusement. Ainsi, de nouvelles méthodes qui étendent, combinent et s'ajoutent à celles usuelles sont à développer.

1.5. Solution proposée

Notre solution de génération des maillages hexa-dominants de bassin prend en entrée des triangulations des surfaces horizons et failles de différents instants géologiques ; elle traite en toute rigueur les problèmes tridimensionnels en présence des failles multiples. Quant à l'aspect évolutif, les déformations et les compactions du maillage avec le temps sont intégrées.

Le déroulement de notre solution se présente en forme "V", avec une complexité réduite d'abord de 4D en 3D puis en 2D, suivi d'une remontée à sens inverse. Concrètement, on prend l'instant géologique le plus récent (4D → 3D), on effectue des dépliages isométriques pour transformer tous les horizons 3D en 2D, et pour fermer les lèvres de failles sur chaque horizon. Une méthode dite "grille-contrainte" est alors appliquée qui génère sur chaque horizon déplié une grille (un quadrillage régulier) topologiquement identique les uns les autres, calé ensuite avec les traces des failles qui passent soit par les diagonales soit par les arêtes des quadrilatères uniquement. Les quadrillages sont par la suite reportés (2D → 3D) sur les horizons 3D correspondants et restent majoritairement quadrilatéraux, seulement un quadrilatère traversé par une faille par une de ses diagonales est coupé en deux triangles. Un maillage hexa-dominant (3D) est généré par connecter les quadrillages 3D consécutifs selon les nœuds en correspondance, avec des adaptations éventuelles aux failles. Pour les instants géologiques ultérieurs (4D), le maillage est d'abord mis à jour en fonction des déplacements des horizons et des failles ; puis les nouvelles couches sont ajoutées suivant la procédure décrite ci-dessus.

Chapitre 2. Méthodologie globale

L'algorithme proposé pour générer des maillages évolutifs pour la modélisation de bassin se base sur les triangulations des horizons et des failles constituant le bassin. A chaque instant géologique de sa première apparition à l'actuel, chaque surface horizon ou faille est triangulée avec la même topologie. Plus précisément, le même nombre de nœuds et la même connectivité entre les nœuds sont retrouvés pour un horizon ou faille donné pour tous les instants ; seule la position d'un nœud peut changer d'un instant à l'autre. Cette identité topologique est en effet un résultat naturel de la procédure de restauration structurale qui précède la modélisation du bassin.

La décomposition surfacique a été envisagée sur chaque horizon dans un premier temps. L'annexe A expose un travail préliminaire qui implémente cette décomposition surfacique. Bien qu'il soit très naturel de partitionner le domaine en blocs selon les failles, cette partition s'avère trop lourde pour être achevée. Pour cette raison, la méthodologie adoptée au final est une approche sans décomposition de domaine, illustrée par la Fig. 2-1.

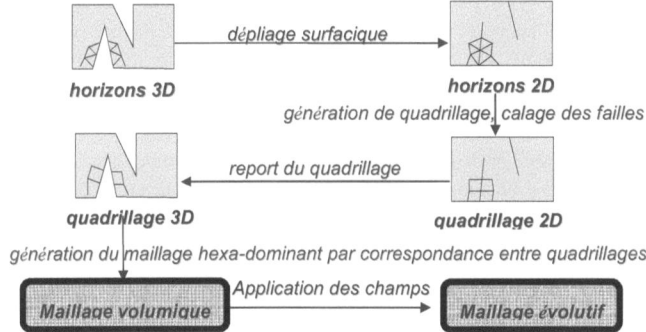

Fig. 2-1 : Méthodologie globale de génération des maillages évolutifs pour la modélisation de bassin.

Le schéma global est un processus itératif comprenant les six étapes suivantes :

- **Étape 1 : dépliage des horizons.** Pour la surface correspondante à l'horizon en bas du bassin, déplier sa triangulation à l'instant géologique le plus récent. Par conséquent, une triangulation 2D avec une topologie identique à celle de la triangulation 3D initiale est obtenue. Dans le cas d'une surface découpée par une faille, les deux traces d'intersection d'une même faille avec l'horizon sont cousues à une seule courbe ;

- **Étape 2 : génération du quadrillage.** Générer une grille surfacique 2D à partir du contour de la triangulation dépliée ;

- **Étape 3 : calage des failles.** Caler chaque faille avec la grille par relocalisation des nœuds et par raffinement de la grille dans les zones qui en ont besoin. En conséquence, chaque courbe de faille est ré-discrétisée de façon à ce que tous ses segments coïncident soit avec les arêtes soit avec les diagonales des quadrilatères. Ainsi, cette étape est appelée un "calage" entre la grille et les failles ; elle constitue avec les deux étapes précédentes la méthode dite "grille-contrainte".

- **Étape 4 : report du quadrillage.** Reporter la grille 2D à l'espace 3D en utilisant les triangulations 2D et 3D sous-jacentes en tant que système de référence. Le résultat reste principalement quadrilatéral à l'exception que certains triangles puissent se former le long des failles ;

Les étapes ci-dessus sont répétées pour tous les horizons supérieurs à l'instant géologique le plus récent tout en préservant la même dimension de grille. Si un raffinement est déclenché sur un horizon, le même raffinement est appliqué sur tous les horizons précédemment quadrillés.

- **Étape 5 : génération du maillage volumique.** Revenir à l'instant le plus ancien, mettre à jour les deux quadrillages 3D les plus bas en fonction de leurs triangulations 3D de référence, puis former le maillage volumique en connectant ces quadrillages suivant les nœuds correspondants et en découpant les cellules selon les failles.

- **Étape 6 : génération du maillage dynamique.** Itérer sur les instants ultérieurs. Au sein de chaque itération, le maillage généré pendant l'itération précédente est d'abord modifié selon la nouvelle géométrie des triangulations de référence. Ensuite, le quadrillage 3D de l'horizon nouvellement apparu est ajusté conformément à la nouvelle géométrie de sa triangulation de référence de l'instant courant. La nouvelle couche est alors ajoutée au maillage de la même manière que la première couche.

Les étapes du shcéma global sont présentées brièvement par la suite et sont détaillées dans les chapitres 4, 5 et 6.

2.1. Dépliage des horizons

Cette étape consiste à déplier d'une manière isométrique les surfaces des horizons 3D triangulées de façon à obtenir des surfaces 2D triangulées. Cette étape permet aussi de coudre les déchirures des failles présentes sur les surfaces des horizons 3D triangulées.

On appelle « dépliage » la transformation d'une surface 3D en une surface 2D (opération consistant à mettre à plat une surface). Cette transformation est « isométrique » lorsqu'elle conserve les mesures, qui peuvent être l'aire du triangle, la longueur des arêtes, etc. Il existe des outils et des méthodes pour réaliser le dépliage isométrique de surface. Au sein de ce travail de thèse le dépliage est réalisé par l'outil *APLAT* développé par l'*UTT* qui effectue des dépliages isométriques par la minimisation des déformations élastiques [23]. Il convient de signaler que *APLAT* fournit deux méthodes pour déplier une surface, dont une garde la topologie originale, l'autre ajoute des points sur les deux traces d'une faille et forme de nouveaux triangles dans la triangulation (voir Fig. 2-2). Dans notre cas c'est la première méthode qui est utilisée car la topologie des triangulations doit être préservée pour pouvoir faire correspondre facilement les triangulations d'un même horizon quand on passe d'un instant géologique à l'autre.

(a) Les deux traces d'une faille.   (b) Les points ajoutés (en rouge) à la faille.

Fig. 2-2 : Ajout des points sur les deux traces d'une faille dans la triangulation.

2.2. Génération du quadrillage

Cette étape consiste à générer un quadrillage 2D régulier, à partir de la bordure de la surface 2D triangulée. On génère ce quadrillage régulier en effectuant les étapes suivantes :

- Choix de quatre coins sur la bordure de la surface 2D triangulée, définissant ainsi quatre courbes sur la bordure, appelées courbes frontalières, reliant ces quatre coins.
- Pour chacun des quadrillages sur chacune des surfaces, mettre en correspondance un coin et orienter les courbes frontalières de telle manière que le domaine se trouve à gauche.
- Subdiviser les quatre courbes frontalières en N_u par N_v segments de longueur constante, N_u et N_v étant les mêmes pour tous les quadrillages de toutes les surfaces.
- Appliquer la version discrétisée de la formule de *Coons* ([6], [46]) pour construire le quadrillage régulier en s'appuyant sur les quatre coins et les quatre courbes frontalières.

2.3. Calage des failles

Une faille unique est calée avec le quadrillage au moyen des étapes suivantes :

- Localiser le quadrilatère contenant le premier point de la faille ;

- Déterminer l'arête du quadrilatère intersectée par la faille ;
- Déplacer l'extrémité de l'arête intersectée la plus proche du point d'intersection vers celui-ci. Dans le cas où ce déplacement engendre un quadrilatère dégénéré c'est l'autre extrémité de l'arête intersectée qui sera déplacée ;
- Itérer sur tous les segments de la faille, calculer l'intersection entre le segment courant et les quadrilatères incidents au nœud dernièrement déplacé, relocaliser la bonne extrémité de l'arête intersectée vers le point d'intersection.

Dans le contexte de calage des failles multiples, des situations conflictuelles peuvent se produire. Par exemple, un nœud précédemment déplacé pour caler une faille peut avoir besoin d'être relocalisé pour épouser une autre faille. La résolution du conflit se réalise en déplaçant un autre nœud quand c'est possible ; sinon un raffinement du quadrillage est nécessaire. Ci-dessous sont les étapes réadaptées au calage des failles multiples avec le quadrillage :

- Commencer par caler tous les points d'intersection entres les failles sur le quadrillage ;
- Caler ensuite les extrémités de toutes les failles ;
- Itérer alors sur toutes les failles et appliquer les sous-étapes suivantes :
  - Localiser le quadrilatère contenant le premier point de la faille ;
  - Déterminer l'arête du quadrilatère intersectée par la faille ;
  - Choisir l'extrémité de l'arête intersectée à déplacer sur le point d'intersection: utiliser l'extrémité la plus proche du point d'intersection si elle n'engendre pas un quadrilatère dégénéré et si elle n'a pas déjà été déplacée ; sinon, utiliser l'autre extrémité. Dans le cas où les deux extrémités ont déjà été déplacées, il sera alors nécessaire de raffiner le quadrillage ;
  - Itérer sur tous les segments de la faille, calculer l'intersection entre le segment courant et les quadrilatères incidents au nœud dernièrement déplacé et relocaliser la bonne extrémité de l'arête intersectée vers le point d'intersection.

2.4. Report du quadrillage

Cette étape transforme les nœuds et la connectivité du quadrillage 2D d'un horizon dans l'espace 3D. En même temps, un seul système de référence est établi entre les nœuds du quadrillage et les triangulations 2D et 3D de l'horizon. Dû à l'identité topologique de toutes les triangulations d'un même horizon, ce système de référence reste le même d'un instant géologique à l'autre ; il permet ainsi une reconstruction directe des quadrillages 3D aux différents instants.

Plus précisément, la référence d'un nœud du quadrillage correspond aux coordonnées barycentriques calculées selon le triangle conteneur dans la triangulation de l'horizon correspondant. Ce calcul est réalisé dans l'espace 2D ; c'est à dire que pour un nœud du quadrillage 2D, son triangle conteneur est localisé dans la triangulation 2D de l'horizon, avec les coordonnées barycentriques évaluées relativement à ce triangle. En utilisant le même triangle et les mêmes coordonnées barycentriques dans la triangulation 3D, le nœud du quadrillage 2D est reporté dans l'espace 3D. Un nœud du quadrillage 2D qui a été déplacé pour épouser une faille doit être divisé en deux nœuds, chacun situé sur une trace différente de la faille. Dans ce cas, chaque nœud divisé a sa propre référence en 3D.

Pour reporter la connectivité du quadrillage, chaque cellule de la grille est parcourue. La cellule 3D correspondante est construite avec des nœuds 3D correspondant aux nœuds constituant la cellule dans l'espace 2D. Dans le cas des nœuds qui doivent être divisés, le côté de la faille où se situe la cellule est d'abord déterminé ; puis le nœud correspondant situé du même côté est sélectionné pour reconstruire la cellule en 3D. Un quadrilatère 2D avec une faille qui traverse une de ses diagonales est coupé en deux triangles le long de cette diagonale.

2.5. Génération du maillage volumique

Le maillage volumique est généré en reliant les quadrilatères opposés deux à deux entre les deux quadrillages 3D de deux horizons (topologie équivalente), et en coupant les éléments volumiques le long des failles. Un hexaèdre sera généré dans le cas d'une liaison

entre deux quadrilatères qui n'ont pas été découpés en deux triangles.
Dans le cas contraire, des prismes seront produits. Quand deux
quadrilatères à connecter ne sont pas du même côté d'une faille, la
cellule volumique correspondante n'est pas valide ; elle ne doit pas
être construite en reliant directement les deux cellules surfaciques.
Dans ce cas, la méthode consiste à projeter séparément les deux
cellules surfaciques sur la faille et à relier chaque nœud d'une cellule
surfacique avec son image sur la faille (cf. chapitre 5).

Certaines dégénérescences peuvent se produire quand l'image d'un
nœud est confondue avec lui-même. Un hexaèdre peut ainsi se
retrouver avec seulement sept sommets distincts, ou bien réduit à un
prisme ; et un prisme peut se retrouver réduit en une pyramide ou en
un tétraèdre ; ou encore, certains éléments volumiques peuvent être
torsadés. Par conséquent, des régularisations sur ces cellules
dégénérées sont à réaliser afin d'obtenir des éléments acceptables par
le simulateur d'écoulement des fluides.

2.6. Génération du maillage dynamique

Le maillage dynamique d'un bassin référence une série de maillages
volumiques, chaque maillage volumique décrit la géométrie du bassin
à un instant géologique donné. La série est donc ordonnée du
maillage le plus ancien vers le maillage le plus récent, chacun des
maillages venant en superposition du maillage au temps géologique
précédent. Les couches coïncidentes entre deux maillages successifs
se déforment mais leur topologie reste identique, et une nouvelle
couche se superpose tout en restant conforme au niveau de l'interface
avec les couches existantes.

Le processus global pour générer un maillage dynamique est déjà
décrit au début de ce chapitre. En ce qui concerne la communication
avec le simulateur, des informations annexes sont aussi à définir: la
position initiale des nouveaux nœuds et les faces caractéristiques à
chaque instant. Pour ce qui est de la définition de la position initiale
des nouveaux nœuds, deux méthodes sont proposées: une première
méthode qui projette les nouveaux nœuds sur l'horizon du bas et qui
utilise ce résultat en guise de position initiale (cf. §6.2.1) ; la

deuxième méthode quand à elle se base sur les nœuds piliers des failles (cf. §6.2.2). Il semble que la deuxième méthode soit plus robuste face à des configurations plus variées. Quant aux faces caractéristiques, elles représentent soit le socle du bassin (l'horizon le plus bas), soit le toit (l'horizon le plus haut), soit un côté d'une faille donnée. En combinant ces informations, le maillage volumique est prêt à être utilisé pour réaliser une simulation d'écoulement des fluides.

Chapitre 3. Description des données

L'altération superficielle des matériaux et des érosions génère des particules qui se transportent par les cours des eaux, le vent et la glace. Ces particules s'accumulent dans un bassin de sédimentation pour former un dépôt. Les sédiments se déposent en couches successives dont la composition, la taille des particules, la couleur, etc., varient dans le temps selon la nature des sédiments apportés. C'est ce qui fait que les dépôts sédimentaires sont stratifiés. Deux couches stratifées voisines sont séparées par une surface virtuelle appelée "horizon". Des surfaces de rupture appelées "failles" peuvent se présenter et interrompre la continuité des couches. Dans ce cas, le bassin est coupée en blocs. En général il y a des déplacements relatifs entre les blocs, en plus de leur déplacement global. La Fig. 3-1 montre quatre horizons qui limitent trois couches sédimentaires discontinues. Cette discontinuité est matérialisée par deux surfaces failles, coupant le bassin en trois blocs partielllement reliés entre eux. Le bloc central est plus bas que les deux autres à cause du déplacement relatif le long des failles. A la suite du même déplacement, chaque faille a laissé deux traces distinctes sur chaque horizon.

Fig. 3-1 : Structure d'un bassin.

La formation de ce bassin est caractérisée par trois âges géologiques 1, 2 et 3. La Fig. 3-1 présente le bassin à l'instant âge 3, celui le plus récent avec trois couches. A l'instant age i, il y a a $(3-i)$ couches de moins. Comme l'apparition de failles et l'érosion ne font pas l'objet dans ce travail de thèse, les deux surfaces failles sont considérées présentes dès le premier instant âge 1. A chaque instant âge géologique, les horizons déjà présents subissent un champ de déplacement qui induit un changement géométrique de ces surfaces ; leur topolgie reste invariante.

Les surfaces formant les horizons et les failles de différents âges proviennent de la restauration structurale, réalisée au sein de la modélisation de l'histoire d'enfouissement. Ces surfaces sont fournies sous forme d'une triangulation, souvent décrite par un de trois formats populaires suivants :

- *TSurf* [54] avec *gOcad*,
- *PolyData* avec VTK [56],
- *Mesh* avec *Medit* [57].

En plus de la définition de triangulation, des informations supplémentaires sont nécessaires pour repérer :

- d'une part, deux traces d'une surface faille sur une même surface horizon. C'est ce qu'on appelle les "associations 2D".

- d'autre part, les traces d'une surface faille sur différents horizons, ces traces étant sur le même bloc. C'est ce qu'on appelle les "association 3D".

Le format des maillages volumiques déstructurés de type *VTK UnstructuredGrid* peut être employé en vue d'une visualisation. Il est aussi envisagé d'utiliser le format de la plateforme de calcul *Arcane*[55], car cette plateforme contient le simulateur *ArcTem* « consommateur prédéfini de ce maillage volumique ».

Une attention particulière doit être apportée à l'utilisation de ces différents formats sur les points suivants :

- indexation : en *gOcad TSurf* et en *Medit mesh* les index commencent par **UN**, au lieu de **ZERO** comme en *VTK* ou en format Arcane ;

- numérotation : comme montrée dans Fig. 3-4 et Fig. 3-6, la numérotation locale des sommets au sein d'un élément du même type est différente dans *VTK UnstructuredGrid* et dans *Arcane*.

- unités et systèmes de coordonnées : ces informations sont plus ou moins prises en compte d'une manière différente dans chaque format.

3.1. *Formats de triangulation surfacique*

3.1.1.   gOcad TSurf

gOcad est écrit en *C++* ; c'est une application populaire qui regroupe des modules allant de la sismique jusqu'à la production des puits. Un fichier du format *gOcad* comprend trois parties : l'entête, le corps, et le marqueur "*END*", avec des lignes commencées par "#" pour donner des commentaires.

L'entête décrit le type d'objet *gOcad* et le numéro de version qui est facultatif. Ainsi, "*GOCAD TSurf* 1" limite le contenu du ficher à une surface triangulée, et la version du fichier est celle de "1.0". Des attributs comme le nom de l'objet peuvent aussi être inclus sous la syntaxe *HEADER* {...}.

Le corps contient des informations géométriques et des propriétés éventuelles de l'objet. Pour une surface triangulée, les sommets doivent être définis avant les triangles sous la syntaxe ci-dessous :

VRTX ID X Y Z

avec le mot clé "*VRTX*", suivi de l'identifiant du sommet, et ses coordonnées en *x*, *y* et *z*.

Les triangles sont donnés sous le mot-clé "*TRGL*", suivi des identifiants de ses sommets qui sont au nombre de trois.

La bordure de la triangulation peut aussi être spécifiée à l'aide de deux mots-clés : "*BSTONE*" et "*BORDER*". Le premier mot-clé suivi d'un identifiant de sommet définit le sommet correspondant en tant qu'une extrémité au bord ; pendant que le dernier mot-clé débute la description d'une ligne au bord sous le format suivant :

BORDER border_id bstone_id_1 bstone_id_2

De la manière ci-dessus, une courbe frontalière est décrite sous l'identifiant "*border_id*" et elle commence par le sommet "*bstone_id_1*" qui est une extrémité au bord définie au préalable. La courbe continue vers la direction de "*bstone_id_2*" qui est le sommet immédiatement adjacent au "*bstone_id_1*" ; elle termine en arrivant sur une autre extrémité au bord.

gOcad TSurf est un format riche pouvant représenter de différentes propriétés géologiques ou géométriques. Pourtant, il n'est pas capable de représenter des relations topologiques spécifiques comme les associations de faille en 2D ou 3D espace, quoique ces informations puissent être définies à l'intérieur de l'application *gOcad* via les "*VECLINK*".

3.1.2. VTK PolyData

VTK est une librairie de visualisation scientifique très populaire. Un format séquentiel et un autre en *XML* sont fournis pour interagir avec la librairie. Tous les deux formats décrivent six types de données : les points structurés, les grilles structurées, les grilles non structurées, les données polygonales, les grilles rectilinéaires, et les données de terrain. Ici on parle uniquement des données polygonales car ce sont elles qui sont utilisées pour représenter une triangulation. Aussi, on prend le format séquentiel pour illustrer le contenu de ce format ; le format en xml comprend les mêmes informations.

Un fichier *VTK* commence par une ligne comme ci-dessous :

 # vtk DataFile Version 3.0

Puis sur la ligne suivante une chaîne de caractère descriptive peut être donnée. Ensuite, le type de fichier est spécifié via l'un de deux mots suivants : *"BINARY"* ou *"ASCII"*. Le type de données peut alors être décrit par une ligne comme ci-dessous :

DATASET POLYDATA

La géométrie et la topologie des données sont par la suite illustrées, suivies par les attributs des données qui sont soit associés aux sommets (mot-clé *"POINT_DATA"*), soit associés aux cellules (mot-clé *"CELL_DATA"*).

Les sommets sont définis comme :

POINTS nv typeDeDonnées $x_0\ y_0\ z_0$ *..* $x_{nv-1}\ y_{nv-1}\ z_{nv-1}$

Dont *nv* est le nombre de sommets, le *typeDeDonnées* étant des mots-clés comme *"float"*, *"long"* ou *"double"* etc.

Les triangles sont regroupés sous le mot-clé "*POLYGONS*" sous le format ci-dessous :

> *POLYGONS nt tailleDeDonnées*
> $3\ v_0^{\ 0}\ v_0^{\ 1}\ v_0^{\ 2}$
> ...
> $3\ v_{nt-1}^{\ 0}\ v_{nt-1}^{\ 1}\ v_{nt-1}^{\ 2}$

Dont la "*tailleDeDonnées*" est égale à *nt**4.

Il paraît très difficile de représenter des associations des failles avec le format *VTK*.

3.1.3. Medit mesh

Medit est un logiciel de visualisation scientifique basé sur *OpenGL*. Il fournit le format *mesh* pour définir un maillage non structuré en vue de sa visualisation. Un fichier *mesh* commence par les deux lignes suivantes :

> *MeshVersionFormatted 1*
> *Dimension 3*

Dont la dimension peut aussi être 2.

La définition de différents champs géométriques ou associatifs prend la suite dans le fichier. Chaque définition suit un format de "mot-clé, nombre d'entités, liste d'entités". Ainsi, les sommets se présentent comme dessous :

> *Vertices*
> *nv*
> $x_1,\ y_1,\ z_1\ ref_1$
> ...
> $x_{nv},\ y_{nv},\ z_{nv},\ ref_{nv}$

Dont *nv* est le nombre de sommets dans le maillage, $x_i,\ y_i,\ z_i$ les coordonnées du sommet *i* et *ref$_i$* sa référence.

Les éléments triangulaires sont groupé sous le mot-clé "*Triangles*". Le nombre de triangles est d'abord spécifié, suivi de la définition individuelle de chaque triangle sous format de "sommet 1, sommet 2, sommet 3, référence du triangle".

Les associations 2D des failles et la bordure peuvent être représentées par le système des étiquetages des arêtes et des sommets. Concrètement, pour les arêtes au bord ou sur les failles, on les groupe sous le mot-clé "*Edges*" comme ci-dessous :

$Edges$
ne
v_1^1, v_1^2, ref_1
$...$
$v_{ne}^1, v_{ne}^2, ref_{ne}$

Parmi ces références d'arêtes celles représentant les failles sont extraites et associées un à un sous le mot-clé "*EdgeTags*", chaque couple définissant ainsi les deux côtés d'une même faille :

$EdgeTags$
net
ref_1^1, ref_1^2
$...$
ref_{net}^1, ref_{net}^2

Les extrémités des failles sont aussi à associer pour orienter les deux côtés d'une même faille de la même façon. Les "*CornerTags*" sont employés dans ce but :

$CornerTags$
nct
v_1^1, v_1^2
$...$
v_{nct}^1, v_{nct}^2

Voir Fig. 3-2, les arêtes colorées en kaki, bleu clair, vert clair, violette, rouge, jaune, vert foncé, et bleu foncé sont affectées chacune à une référence différente. Ainsi, dans "*Edges*" on peut trouver l'arête 18-21 est associée à la référence dessinée en kaki, pareil pour l'arête 21-24, 24-27, 27-30 ; pendant que les arêtes 18-17 et 17-16 fait une autre référence dessinée en bleu clair. Dans la partie "*EdgeTags*" on trouvera que la référence dessinée en vert clair est associée à celle dessinée en rouge, ce qui représente les deux côtés d'une même faille. Dans "*CornerTags*" on trouvera deux associations des sommets 15-28 et 3-16.

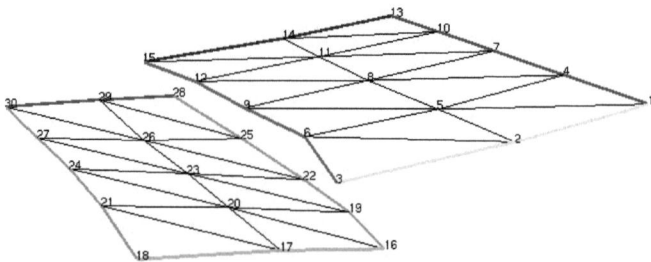

Fig. 3-2 : Les arêtes étiquetées.

Il est aussi possible de représenter les propriétés associées aux nœuds ou aux cellules de maillage. Ces propriétés peuvent être des caractéristiques en entrée, elles peuvent également recueillir les résultats de calcul sur le maillage.

3.1.4.   Transformation de gOcad TSurf vers mesh

Par sa complétude, le format *mesh* est choisi dans ces travaux de thèse pour alimenter notre algorithme avec les informations géométriques ET topologiques des horizons. Pourtant, un prétraitement est nécessaire pour d'abord générer les associations entre les traces de failles, puis écrire ces informations topologiques dans un fichier *mesh* avec la géométrie. Il s'agit d'une transformation du format *gOcad* en format *mesh* (Fig. 3-3).

Ce prétraitement commence par travailler dans l'application *gOcad* pour associer les deux traces à chaque côté d'une faille. Des liens appelés "*VECLINK*" sont définis par conséquent. Un plugin *gOcad* nommé "*StructuralModelExport*" est ensuite exécuté qui exporte la géométrie (la triangulation) de l'horizon en un fichier du format *TSurf*, et un fichier en format *XML* est aussi résulté qui contient la définition des "*VECLINK*" et qui fait référence au fichier *TSurf*. Ce résultat d'export est subséquemment converti dans *OpenFlow* (la plateforme sur laquelle les algorithmes de cette thèse sont implémentés, voir Annexe A) en format *mesh*. Un tel fichier peut alors être procédé dans l'application "*APLAT*" qui met l'horizon correspondant à plat et qui ferme la lèvre des failles en fonction des associations définies dans le fichier *mesh*. *OpenFlow* fournit aussi des lecteurs du format *mesh* pour importer les horizons et les failles décrivant la structure d'un bassin.

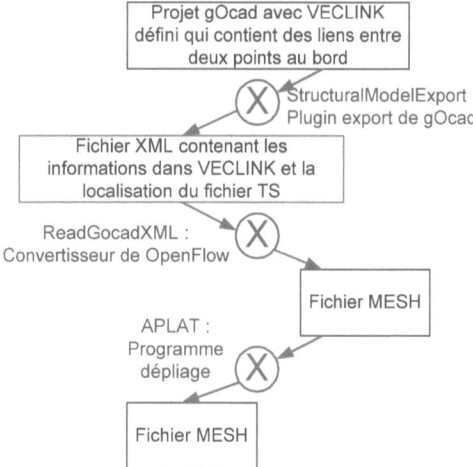

Fig. 3-3 : Prétraitement définissant les associations des failles.

3.2. Formats de maillage volumique

3.2.1.   VTK UnstructuredGrid

La forme générale d'un fichier *VTK* a été déjà introduite dans la sous-section précédente. Ici on se concentre sur le format décrivant une grille non structurée.

La partie de déclaration spécifique à une grille non structurée commence par :

> *DATASET UNSTRUCTURED_GRID*

Puis les sommets de la grille sont décrits de la même façon que ceux des données polygonales :

> *POINTS nv typeDeDonnées*
> x_0 y_0 z_0
> ...
> x_{nv-1} y_{nv-1} z_{nv-1}

Les cellules sont par la suite énumérées d'une manière similaire à la description des polygones pour un type de *PolyData* :

> *CELLS nc tailleDeDonnées*
> *nombreDeSommets0* $v_0{}^0$ $v_0{}^1$ $v_0{}^2$...
> ...
> *nombreDeSommets$_{nc-1}$* $v_{nc-1}{}^0$ $v_{nc-1}{}^1$ $v_{nc-1}{}^2$ $v_{nc-1}{}^3$ $v_{nc-1}{}^4$ ...

Dont la "*tailleDeDonnées*" est égale à :

$$nc + \sum_{i=1}^{nc} nombreDeSommets_i$$

Les types de cellules sont alors spécifiés un par un en correspondance avec chaque cellule :

```
CELL_TYPES nc
type_0.
...
type_{nc-1}
```

Dans notre cas de maillage hexa-dominant, les quatre types suivants sont admissibles (Fig. 3-4) :

- type 10 (*VTK_TERA*) : les tétraèdres
- type 14 (*VTK_PYRAMID*) : les pyramides
- type 13 (*VTK_WEDGE*) : les prismes
- type 12 (*VTK_HEXAHEDRON*) : les hexaèdres

Comme les données polygonales, les propriétés associées aux sommets ou aux cellules d'une grille non structurée sont présentées sous le mot-clé "*POINT_DATA*" ou "*CELL_DATA*" respectivement.

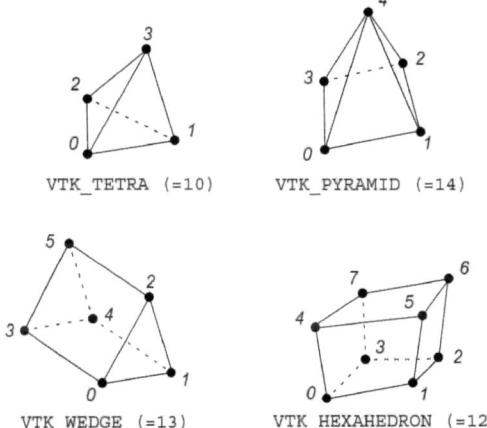

VTK_TETRA (=10)   VTK_PYRAMID (=14)

VTK_WEDGE (=13)   VTK_HEXAHEDRON (=12)

Fig. 3-4 : Les types de cellules VTK admissibles pour un maillage Hexa-dominant.

3.2.2.   Format Arcane

Arcane est une plateforme de calcul scientifique. Le format d'*Arcane* permet de décrire les maillages évolutifs par une série de maillages non structurés ; dans la série un maillage successeur est la version déformée ou érodée de son prédécesseur, superposée par une nouvelle couche déposée à l'instant géologique correspondant. Pour un instant donné, un ficher décrivant la modification géométrique, un autre représentant le changement de topologie sont spécifiés.

Les informations suivantes définissant les contraintes de calcul sont aussi requises dans le format :

- **Toit du bassin**. C'est les faces au top du maillage qui représentent la limite du bassin en contact avec l'atmosphère ou l'eau.
- **Bord inférieur du bassin**. C'est les faces en bas du maillage où on impose une condition de température ou de flux entrant.
- **Failles**. Pour chaque faille, un côté supérieur et celui inférieur sont différenciés ; l'un appartient à un bloc, l'autre à un autre bloc. Les faces connexes du maillage situant sur chaque côté de la faille doivent être extraites.

Commençons par le fichier de modification topologique. L'élément racine du fichier est appelé "*topology*". La définition d'un élément "*topology*" est montrée dans Fig. 3-5, il est composé de :

- une liste des cellules supprimées ("*delete-cells*") ou modifiées ("*change-cells*") par l'érosion,
- une liste de cellules nouvelles par le dépôt ("*add-cells*"),
- une liste de nouveaux nœuds en position initiale par le dépôt ("*update-nodes*"),
- une liste de faces critiques ("*faces*"),
- des groupes des faces représentant le toit, le bord inférieur ou les failles, ou des groupes des cellules décrivant la stratigraphie ou la sédimentation, etc.

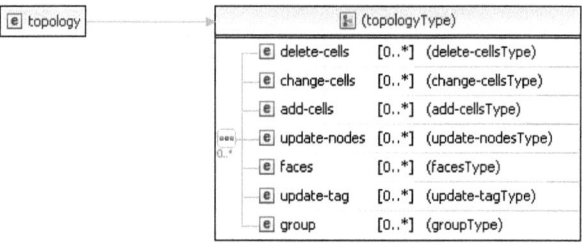

Fig. 3-5 : Définition d'un élément "*topology*".

Les nouveaux nœuds en provenant du dépôt d'une nouvelle couche sont décrits comme ci-dessous :

```
<update-nodes tag="1">
    <node id="0">
        <coord><x>0.0</x>
                <y>0.0</y>
        </coord>
    </node>
    ...
    <node id="6">
        <coord><x>2000.0</x>
                <y>0.0</y>
                <z>-2000.0</z>
        </coord>
    </node>
    ...
</update-nodes>
```

Il convient de mentionner que les coordonnées ci-dessus sont celles des nœuds en position initiale (au début du dépôt). Pour le premier instant, le maillage a une seule couche, tous les nœuds du maillage seront définis. Pour les instants ultérieurs, seulement les nœuds au top du maillage sont déclarés.

Les nouvelles cellules qui composent la nouvelle couche sont ensuite listées :

```
<add-cells tag="1">
    <cell type="Tetraedron4" id="0">
        <node-id>0</node-id>
        <node-id>1</node-id>
        <node-id>1001</node-id>
        <node-id>1000</node-id>
    </cell>
    ...
    <cell type="Pyramid5" id="13">
        <node-id>10</node-id>
        <node-id>11</node-id>
        <node-id>1011</node-id>
        <node-id>1010</node-id>
        <node-id>16</node-id>
    </cell>
</add-cells>
```

Arcane contient les hexaèdres et tous les types dégénérés des hexaèdres. Ces travaux de thèse se limitent à l'utilisation de quatre types suivants : *Hexaedron8*, *Pentaedron6*, *Pyramid5*, et *Tetraedron4*. Voir Fig. 3-6.

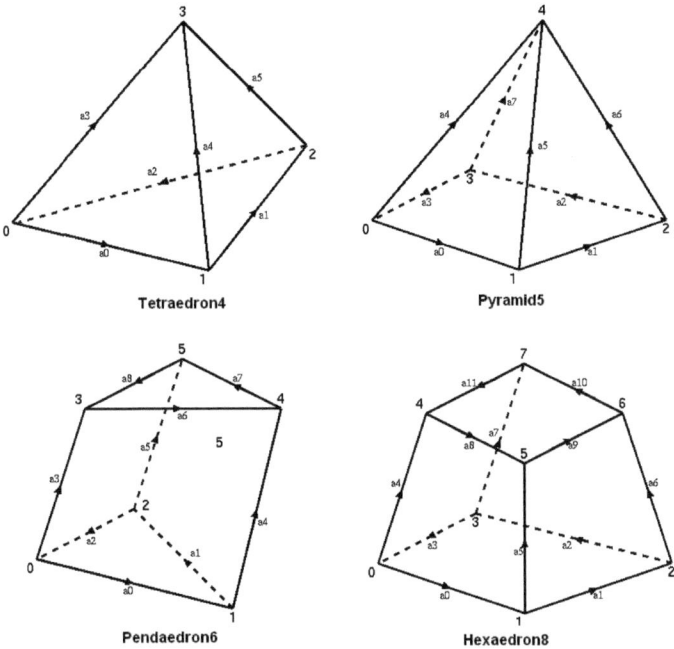

Fig. 3-6 : Types d'éléments dans Arcane.

Les faces critiques sont d'abord définies, avant d'être référencées (via leur identifiants) pour constituer le toit, le bord inférieur, ou les failles. Dans ces travaux de thèse une face est soit quadrilatérale, soit triangulaire.

Ci-dessous regroupe la définition des faces :

```
<faces>
    <face aid="0">
        <node-id>6</node-id>
        <node-id>7</node-id>
        <node-id>1007</node-id>
        <node-id>1006</node-id>
    </face>
    ...
    <face aid="103">
        <node-id>10</node-id>
        <node-id>11</node-id>
        <node-id>1011</node-id>
    </face>
    ...
</faces>
```

Le toit, le bord inférieur du bassin, et les failles sont décrits sous la forme de groupe de faces :

```
<group name="TopBoundary" kind="face"
mode="reset">
    <id>0</id>
    ...
    <id>5</id>
</group>
<group name="BottomBoundary" kind="face"
mode="reset">
    <id>6</id>
    ...
    <id>9</id>
</group>
<group name="Fault_inf" kind="face" mode="reset">
    <id>14</id>
    ...
    <id>21</id>
</group>
<group name="Fault_sup" kind="face" mode="reset">
    <id>35</id>
    ...
    <id>44</id>
</group>
```

Le bord inférieur du bassin est à définir une seule fois (le premier instant). Le "*mode*" des groupes de faces failles peut être "*reset*" pour le premier instant ; il doit changer à "*add*" pour les instants ultérieurs pour ne pas écraser les faces failles présentes dans les couches plus anciennes.

La nouvelle position des nœuds ayant été déplacés par une érosion peut aussi être décrite dans le fichier de changement topologique, ainsi que les cellules modifiées (suppression ou ajout des sommets) suite à l'érosion. Pourtant, dans le contexte de cette thèse les érosions ne sont pas prises en compte, on ne va donc pas détailler ici le format *Arcane* correspondant.

Le fichier de modification géométrique écrit sous l'élément racine "*geometry*" la position en fin de dépôt de nouveaux nœuds :

```
<move-node-to id="6">
    <coord><x>0.0</x>
           <y>0.0</y>
           <z>-1000.0</z>
    </coord>
</move-node-to>
<move-node-to id="7">
    <coord><x>1500.0</x>
           <y>0.0</y>
           <z>-1000.0</z>
    </coord>
</move-node-to>
```

Chapitre 4. Méthode de "grille contrainte"

La méthode "grille contrainte" regroupe les étapes qui fonctionnent en 2D. Après le dépliage isométrique qui transforme la surface triangulée tridimensionnelle en une surface bidimensionnelle topologiquement identique, les deux traces d'une faille sont collées ensemble est devenues une seule courbe ouverte. La méthode de "grille contrainte" génère dans un premier temps un quadrillage bidimensionnel régulier à partir des courbes frontalières de la surface dépliée, puis cale ce quadrillage sur les courbes représentant les traces des failles. Pour des raisons de commodité, les deux côtés d'une faille sont numérotés 0 et 1 ; ce sont les courbes du côté 0 qui sont utilisées. Après le calage, tous les segments de faille deviennent soit une arête du quadrillage, soit une diagonale. Une procédure d'optimisation est finalement exécutée pour améliorer la qualité des éléments du quadrillage.

4.1. Génération du quadrillage

Cette étape consiste à générer un quadrillage 2D régulier à partir de la bordure de la surface 2D triangulée. On appelle quadrillage, un canevas (ensemble des lignes et des points principaux d'une figure) plan constitué par deux familles de droites perpendiculaires délimitant des carrés. On génère ce quadrillage régulier au moyen des actions suivantes :

- Extraction de la bordure de la surface 2D triangulée ;
- Définition des quatre coins sur la bordure ;
- Définition des quatre courbes sur la bordure reliant ces quatre coins ;
- Échantillonnage de chaque courbe frontalière en N_u ou N_v segments de longueur constante ;
- Génération du quadrillage à partir des ces quatre coins et quatre courbes en appliquant la version discrétisée de la formule de *Coons*.

La bordure d'une triangulation est composée des arêtes incidentes à un seul triangle. Cette propriété peut être utilisée pour calculer la bordure ; or, dans ce travail de thèse, ces arêtes de bordure sont données en entrée. Avec le format ".mesh" de Medit, ces arêtes sont groupées sous le mot clé "Edges", chaque arête est associée à une référence donnée. La bordure est ainsi obtenue en concaténant ces arêtes, et en excluant les arêtes de faille qui sont référencées sous le mot clé "EdgesTags". Voir la visualisation d'un fichier ".mesh" dans Fig. 4-1, toutes les arêtes spécifiées dans "Edges" sont dessinées en couleur ; elles représentent soit des arêtes au bord, soit des segments de faille (en vert clair). En éliminant ces dernières, il ne reste que les arêtes constituant le bord de la surface.

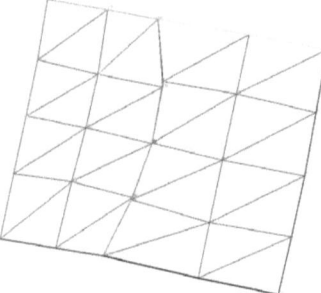

Fig. 4-1 : Visualisation d'un fichier ".mesh".

Les quatre coins sont identifiés comme étant les extrémités au niveau desquelles la bordure forme les angles les plus petits. Afin de localiser ces points caractéristiques, on va repérer tous ceux appartenant à la bordure (indiquée en vert sur la figure Fig. 4-2) et ayant un angle réentrant ou ayant un angle trop aigu (les points en orange sur la figure Fig. 4-2) puis éliminer les points coïncident à une arête de faille. Les quatre points formant les angles les plus petits sont alors identifiés comme les quatre coins. En cas de bordure très irrégulière en forme de dents de scie, il n'est plus fiable d'utiliser le critère de plus petit angle pour choisir les coins. Il faut dans ce cas les spécifier en entrée explicitement ; le format ".*mesh*" de *Medit* permet de donner cette information sous le mot clé "Corners".

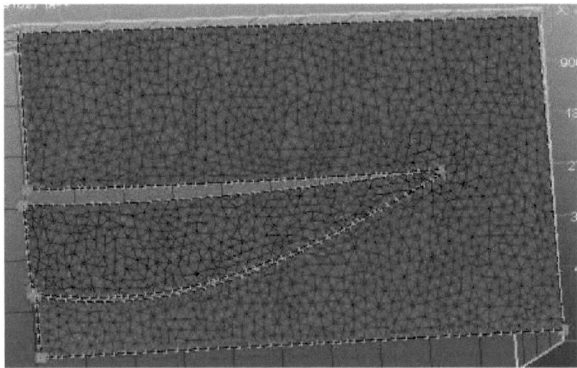

Fig. 4-2 : Bordure et points critiques d'un horizon.

Les quatre courbes frontalières sont définies en segmentant la bordure selon les quatre coins. Pour chacune des surfaces, on met en correspondance un coin et on oriente les courbes frontalières de manière à ce que le domaine (sur lequel la grille est à générer) se trouve à gauche. Cette opération sert à orienter tous les horizons de la même façon pour faciliter l'étape de mise en correspondance des quadrillages pour créer des éléments volumiques (cf. chapitre 5).

Un échantillonnage régulier est ensuite effectué sur chaque courbe frontalière. Pour le premier horizon, plusieurs paramètres rentrent en compte dans le calcul du nombre d'échantillon dans les deux directions U et V que l'on appellera respectivement N_u et N_v :

- soit n la dimension minimale, c'est un paramètre prédéfini ;
- soit ρ le rapport de longueur maximale des courbes frontalières en U et en V ;
- soit e la plus petite longueur des arêtes frontalières et des arêtes de faille ;
- soit l_i la longueur de la courbe frontalière ;

Parmi ces paramètres, $e/2$ est utilisé comme intervalle d'échantillonnage, donc le nombre d'échantillon pour une courbe frontalière donnée i est calculé par la formule $\dfrac{l_i}{e/2}+1$. La dimension minimale N_{min} est ainsi obtenue par :

$$N_{\min} = \max\left(n, \frac{\min(l_i)}{e/2}+1\right), i = 1,4$$

Si la courbe frontalière de longueur minimale correspond à la direction U, alors $N_u = N_{\min}, N_v = \rho \times N_{\min}$; sinon, $N_v = N_{\min}, N_u = \rho \times N_{\min}$. Le nombre d'échantillon $N_u \times N_v$ déduit ici seront réutilisés pour le quadrillage de toutes les autres surfaces.

La version surfacique discrétisée de la formule de *Coons* est employée pour construire le quadrillage régulier s'appuyant sur l'horizon déplié. La formule de *Coons* est rappelée dans les paragraphes suivants :

Étant donné quatre courbes paramétriques $f_1\,(u), f_2\,(u), g_1\,(v), g_2\,(v)$ ($0 \leq u, v \leq 1$) définissant quatre bords jointifs selon quatre points $P\,(0, 0), P\,(0, 1), P\,(1, 0), P\,(1, 1)$, la formule de *Coons* calcule la surface la plus tendue qui passe par les quatre bords (qui interpole ces bords) :

$$s(u,v) = (1-u)g_1(v) + ug_2(v) + (1-v)f_1(u) + vf_2(u)$$
$$-[(1-u)(1-v)P(0,0) + (1-u)vP(0,1)] + u(1-v)P(1,0) + uvP(1,1)$$

Un maillage régulier $N_u \times N_v$ de cette surface est alors obtenu par simple échantillonnage en prenant pour sommets les points $S\,(i, j)$ correspondant aux $u_i = i/(N_u\text{-}1)$ *et* $v_j = j/(N_v\text{-}1)$, pour i allant de 0 à N_u-1 et j allant de 0 à N_v-1, voir Fig. 4-3. La formule restreinte aux points du maillage devient :

$$S(i,j) = \left(1-\frac{i}{N_u-1}\right)g_1(j) + \frac{i}{N_u-1}g_2(j) + \left(1-\frac{j}{N_v-1}\right)f_1(i) + \frac{j}{N_v-1}f_2(i)$$

$$-\left[\left(1-\frac{i}{N_u-1}\right)\left(1-\frac{j}{N_v-1}\right)P(0,0) + \left(1-\frac{i}{N_u-1}\right)\frac{j}{N_v-1}P(0,1)\right.$$

$$\left.+\frac{i}{N_u-1}\left(1-\frac{j}{N_v-1}\right)P(1,0) + \frac{i}{N_u-1}\frac{j}{N_v-1}P(1,1)\right]$$

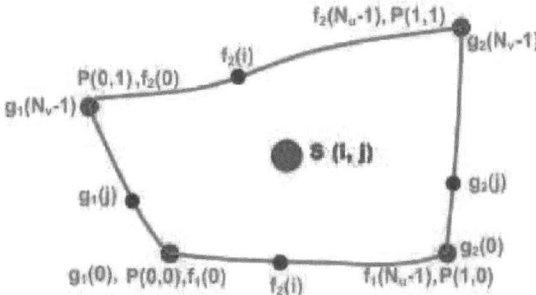

Fig. 4-3 : Formule de Coons.

4.2. Calage des failles sur le quadrillage

Une fois le quadrillage généré sur l'horizon déplié, les traces de failles sont à intégrer. Il s'agit de réaliser un "calage" entre le quadrillage et les failles durant lequel le quadrillage se déforme pour venir épouser la forme des traces de faille. Une première tentative de calage a été introduite en étudiant les motifs d'intersection entre un segment issus de la trace de faille et un quadrilatère. Le principe de cette approche est de restreindre les failles uniquement sur les arêtes du quadrillage. Cette façon de procéder s'avère très lourde et le résultat obtenu est trop souvent dégénéré, ce qui fait que cette méthode a été écartée pour laisser la place à une méthodologie innovante permettant de caler le quadrillage sur les traces de faille en considérant non seulement les arêtes mais aussi les diagonales des quadrilatères. Les paragraphes suivant présentent en détail les deux approches proposées..

4.2.1. Calage du quadrillage selon motifs

Les motifs pour caler un segment de la trace de faille avec un quadrilatère sont énumérés suivant deux grands principes : le segment ne doit pas passer par la diagonale du quadrilatère et il est interdit de créer un nouveau nœud afin que la connectivité ne soit pas modifiée. Une hypothèse est aussi imposée pour simplifier le travail : le quadrillage doit être assez fin pour supposer qu'il y ait soit aucun soit un unique segment de la trace de faille dans une maille.

Une intersection entre un segment et un quadrilatère se trouve alors forcément dans une des trois situations suivantes :

- elle est sur une des quatre arêtes du quadrilatère ;
- elle coïncide avec un des quatre nœuds du quadrilatère ;
- le segment est entièrement inclus à l'intérieur du quadrilatère.

En combinant les situations énumérés ci-dessus pour deux points d'intersection successifs, sept motifs sont identifiés :

- Motif 0 : les deux points d'intersection sont sur la même arête, ils peuvent coïncider avec les extrémités de l'arête. Dans ce cas là, les deux extrémités de l'arête sont à déplacer sur les points d'intersection;
- Motif 1 : le segment traverse le quadrilatère par deux arêtes opposées;
- Motif 2 : le segment traverse le quadrilatère (comme dans le cas du Motif 1), et un des point d'intersection est coïncident avec une des extrémité de l'arête opposée;
- Motif 3 : le segment traverse le quadrilatère par deux arêtes adjacentes;
- Motif 4 : le segment traverse le quadrilatère par deux sommets opposés;
- Motif 5 : le segment ne traverse pas intégralement le quadrilatère, il s'arête à l'intérieur, et son seul point d'intersection se trouve sur une arête du quadrilatère;
- Motif 6 : le segment ne traverse pas intégralement le quadrilatère, il s'arête à l'intérieur, et son seul point d'intersection est coïncident avec un sommet du quadrilatère;

Dans le tableau présenté dans Fig. 4.4, les lettres *a*, *b*, *c d* représentent les quatre arêtes de la maille, et le segment vert correspond au segment de faille à épouser. Les motifs 1 à 6 sont appliqués en veillant à respecter les trois règles suivantes:

- Règle 1: c'est toujours une des quatre arêtes de la maille qui sera déplacée pour venir épouser le segment de faille. Ces quatre arêtes peuvent être classées dans deux catégories: celles qui sont intersectées par le segment de la faille et celles qui ne le sont pas.

- Règle 2: on ne déplace pas un nœud d'une distance supérieure à la longueur d'une arête; sinon, un angle supérieur ou égale à 180° serait généré (voir Fig. 4-4). Aussi, un déplacement minimum est privilégié.

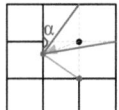

Fig. 4-4 : Mauvais déplacement d'un nœud pour une distance supérieure à la longueur d'une arête.

- Règle 3: les quadrilatères doivent rester convexes. Le respect de cette règle n'est pas assurée pour certains motifs, et dans ce cas, il faut vérifier que les angles restent inférieurs à 180°, comme ceux marqués par α ou β dans le tableau. On peut aussi vérifier que les nœuds n_1 et n_2 restent du même côté que le segment p_1 p_2. Enfin les écarts d'angle minimum sont privilégiés par rapport à l'angle droit.

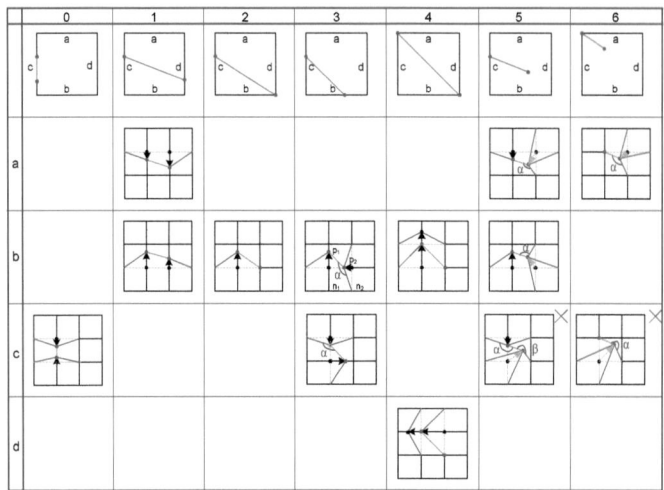

Fig. 4-5 : Motifs pour caler un segment faille sur un quadrilatère.

Concernant le respect de la règle 2, on peut voir que pour le motif 1, seules les arêtes sans intersection avec le segment de la faille sont déplacées. Il en est de même pour les motifs 2, 4 et 6 qui sont des cas spéciaux du motif 1 dans le sens où une des deux intersections ou les deux intersections coïncident avec un sommet du quadrilatère. Dans le cas du motif 3, seules les arêtes intersectées par le segment de la faille peuvent être déplacées. Enfin, en ce qui concerne le motif 5, toutes les arêtes peuvent être déplacées à l'exception de l'arête opposée à celle intersectée (l'arête *d* dans l'exemple de la Fig. 4-5).

Une vérification de convexité des quadrilatères modifiés montrent que la disposition du segment de faille dans les cas 5c et 6c enfreint la règle 3. Les motifs 5c et 6c ne doivent donc pas être appliqués dans cette situation.

Pour ce qui est de l'aspect implémentation, une liste de couple (index de nœud, nouvelles coordonnées) pourrait être employée pour identifier les nœuds des quadrilatères déplacés pour venir épouser le segment de faille. Pour être général, c'est le bord de l'horizon à épouser, y compris le bord extérieur, la limite de la faille, et les fissures internes. Aussi, l'intersection de la faille avec le quadrillage pourrait être calculée au fur et à mesure de la modification locale du maillage, en suivant le cheminement de la faille. En fin, une question se pose : est-ce que deux nœuds pourraient être remplacés par un seul point d'intersection? La réponse pourrait être positive quand le travail reste dans la surface, mais il vaut peut-être mieux l'éviter quand la connexion avec une autre surface est considérée.

En appliquant manuellement les motifs du tableau ci-dessus sur un exemple (voir Fig. 4-6), on a remarqué que des cas dégénérés (des angles plats au sein d'un quadrilatère, par exemple) arrivaient très souvent le long d'une faille. Examiner indépendamment pour chaque quadrilatère l'intersection avec un segment de faille semble insuffisant pour obtenir des quadrilatères de bonne qualité. Par conséquent, des motifs basés sur un regroupement de deux quadrilatères sont étudiés (voir le schéma dans Fig. 4-7), l'inconvénient est le coût très grand en temps de calcul. Pour conclure sur cette méthode de calage classique basée sur les motifs, elle reste une méthode lourde à appliquer. Nous allons maintenant décrire une manière différente pour réaliser le calage, dite "par parcours", qui s'avère plus efficace.

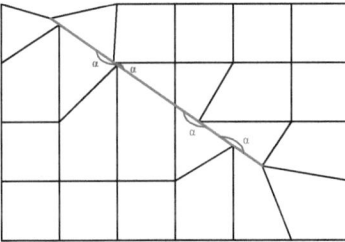

Fig. 4-6 : Calage selon motifs d'intersection entre un segment faille et un quadrilatère.

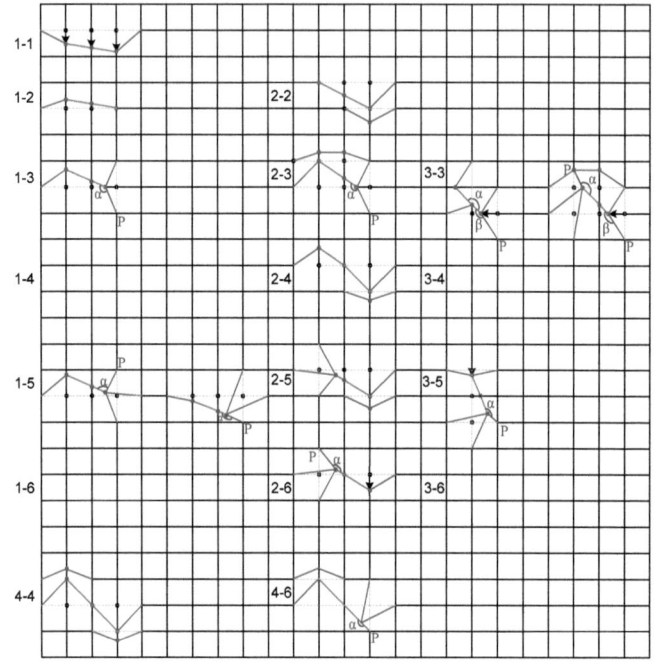

Fig. 4-7 : Motifs pour groupement de deux quadrilatères.

4.2.2. Calage par parcours : faille unique

Le principe du calage par parcours est de "parcourir" les segments constituant une faille, de calculer l'intersection d'un segment de faille avec le quadrillage, puis de déplacer une des extrémité de l'arête intersectée sur le point d'intersection. Le résultat du calage permet au maillage de venir épouser la faille non seulement par ses arêtes mais aussi par les diagonales des quadrilatères contrairement au calage basé sur les motifs. De plus, en fonction de la présence d'une seule ou de plusieurs failles dans le modèle, les contraintes ne sont pas les mêmes et les méthodes de calage sont différentes. Nous commenceront donc par présenter dans cette section le cas du calage du maillage sur une seule faille.

Plusieurs possibilités existent pour parcourir la faille et y caler le maillage. Une première possibilité est d'opérer le déplacement en suivant d'abord une seule direction du quadrillage; une fois que tous les points d'intersection sur cette direction coïncident avec les nœuds du quadrillage, la même démarche sera appliquée dans l'autre direction pour que tous les points d'intersection coïncident avec les nœuds du quadrillage.

Une seconde possibilité est de déplacer le nœud le plus proche d'un point d'intersection quand l'arête intersectée ne change pas de direction, et déplacer le nœud à la diagonale du dernier nœud modifié dans le cas où il y a un changement de direction. La faille est ainsi parcourue une seule fois. Néanmoins certains quadrilatères modifiés se retrouvent plus déformés que ceux générés par deux parcours. Fig. 4-8 montre exemple de calage obtenu par cette approche :

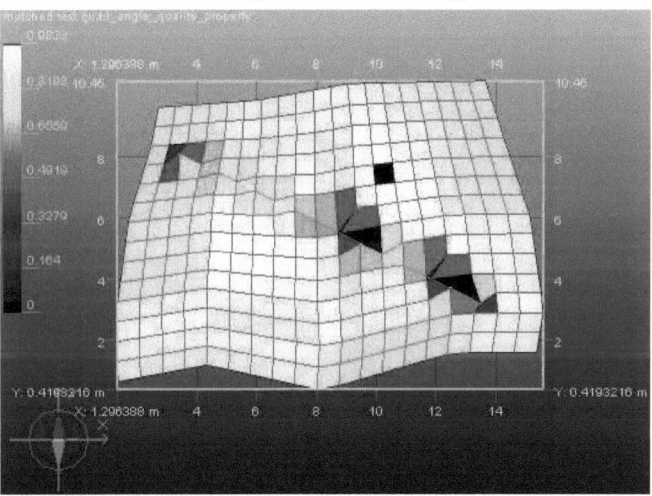

Fig. 4-8 : Bouger le nœud à la diagonale pendant un changement de direction.

Une troisième possibilité est de déplacer tout le temps le nœud le plus proche d'un point d'intersection sans tenir compte du changement de direction de l'arête intersectée. La faille est aussi parcourue une seule fois, et le résultat montre que la qualité des quadrilatères obtenus est améliorée par rapport à la deuxième possibilité envisagée ci-dessus (voir Fig. 4-9). C'est donc cette stratégie de parcours qui est adoptée au final pour son efficacité en temps et en qualité des éléments obtenus.

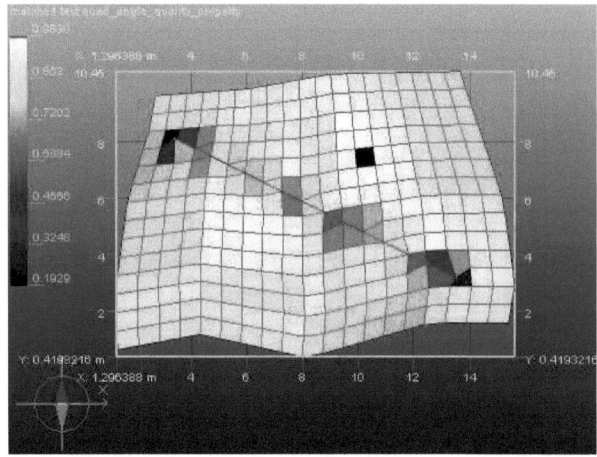

Fig. 4-9 : Bouger toujours l'extrémité de l'arête intersectée la plus proche du point d'intersection.

La dégénérescence éventuelle des quadrilatères obtenus est aussi à prendre en compte lorsqu'un nœud est déplacé pour venir épouser la faille. On qualifie de dégénéré un quadrilatère dont au moins un angle est supérieur à un seuil fixé, comme illustré dans Fig. 4-10 :

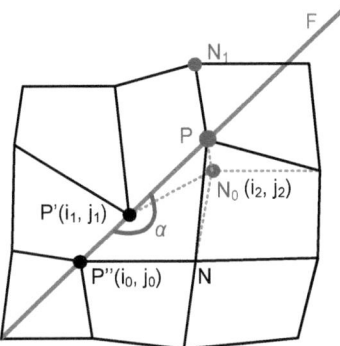

Fig. 4-10 : Quadrilatère dégénéré par la relocalisation de N_0 à P.

Dans Fig. 4-10 la faille F s'intersecte avec l'arête N_0N_1 au point P, N_0 est le sommet le plus proche de P.et c'est donc lui qui est choisi pour être déplacé sur P. P' est le dernier nœud déplacé et P'' celui déplacé juste avant P'. (i_2, j_2), (i_1, j_1) et (i_0, j_0) sont les indices dans le quadrillage des noeuds N_0, P' et P'' respectivement. Le quadrilatère $N_0P'P''N$ est considéré dégénéré sous les conditions suivantes :

- $i_0 = i_1$ ou $j_0 = j_1$: (i_0, j_0) et (i_1, j_1) forment une arête au lieu d'une diagonale du quadrilatère ;
- $i_1 = i_2$ ou $j_1 = j_2$: (i_1, j_1) et (i_2, j_2) forment une deuxième arête ;
- $|i_0 - i_2| = 1$ et $|j_0 - j_2| = 1$: il y a un quadrilatère qui contient les deux arêtes ci-dessus (ici c'est $N_0P'P''N$);
- L'angle interne du quadrilatère formé par les deux arêtes dépasse un seuil fixé (ici l'angle α est égal à 180°, donc il dépasse le seuil généralement fixé entre 150° et 180°).

Un tel quadrilatère n'est pas acceptable car, lors de la phase de reconstruction volumique ultérieure, les hexaèdres générés ayant ce quadrilatère comme face seront torsadés. Pour surmonter cette

difficulté, avant de déplacer l'extrémité la plus proche du point
d'intersection, les conditions de dégénérescence susmentionnées sont
à vérifier avec la nouvelle position du nœud. Si toutes les conditions
sont remplies, on déplacera plutôt l'autre extrémité de l'arête
intersectée. Dans le cas de Fig. 4-10, on déplace le sommet N_1 au lieu
du sommet N_0.

En prenant en compte la dégénérescence éventuelle des mailles et
pour une seule faille à intégrer dans le quadrillage, les étapes
suivantes sont réalisées:

- démarrer le parcours de la courbe ouverte de la faille en partant
  de l'une de ses extrémités et déterminer une première arête du
  quadrillage intersectée ;
- déplacer l'extrémité de l'arête intersectée la plus proche du
  point d'intersection vers ce dernier si ce déplacement
  n'engendre pas un quadrilatère dégénéré. Sinon, déplacer l'autre
  extrémité de l'arête intersectée.
- parcourir la faille et répéter les étapes de calcul d'intersection et
  de relocalisation des nœuds, de telle manière à ce que la faille
  coïncide complètement avec les arêtes ou les diagonales des
  quadrilatères du maillage.

La structure de données utilisée pour représenter le quadrillage est
simplement une table linéaire, dans laquelle les nœuds sont stockés
ligne par ligne. Les nœuds qui ont été déplacés sur la faille sont
enregistrés dans l'ordre dans une liste.

Les pseudo-codes correspondant sont détaillés dans les paragraphes
suivants selon le graphe d'appel présenté dans Fig. 4-11.

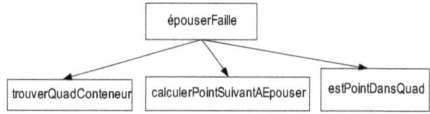

Fig. 4-11 : Graphe d'appel du calage de faille unique.

Algorithme 4.1 : épouser une faille

L'algorithme présenté ici illustre la méthodologie globale de calage d'un quadrillage sur une faille. L'étape initiale consiste à identifier le quadrilatère qui contient le premier point de la faille. Puis, on va calculer l'intersection entre le premier segment de la faille et les arêtes de ce quadrilatère. Si aucune intersection n'est détectée, on passe au segment suivant de la faille et on boucle jusqu'à ce qu'une intersection soit trouvée. Ensuite, on déplace l'extrémité de l'arête intersectée la plus proche du point d'intersection vers celui-ci. S'il en résulte la formation d'un quadrilatère dégénéré, c'est l'autre extrémité de l'arrête qui sera déplacée. Pour calculer l'intersection suivante, on regarde dans les quadrilatères ncidents au dernier nœud déplacé en excluant celui dont le segment vient de sortir (le quadrilatère dont les deux extrémités d'une des arêtes ou d'une des diagonales ont été dernièrement déplacées). Si il n'y a plus d'intersection entre le segment courant et les quadrilatères à visiter, on passe au segment suivant puis on repère le quadrilatère contenant la première extrémité du segment pour en calculer l'intersection avec le nouveau segment. Une fois le parcours des segments de faille terminé, on déplace vers les deux extrémités de la faille les nœuds du maillage les plus proches.

Algorithme 4.1 : épouserFaille

Entrée : quadrillage, faille

Sortie : quadrillage calé sur la faille

SegmentFaille ← 0 ;

q ← trouverQuadConteneur(premier point de la faille, quadrillage) ;

quadsAVisiter ← q ;

quadsAExclure ← nul ;

faire

    n ← CalculerPointSuivantAEpouser(segmentFaille, quadsAVisiter,

        quadsAExclure) ;

    si n != -1 **alors**

Algorithme 4.1 : épouserFaille

> quadsAExclure ← les quadrilatères ayant n et le dernier nœud épousé
>
> comme arête/diagonale ;
>
> quadsAVisiter ← les quatre quadrilatères incidents à n ;
>
> **sinon**
>
> > quadsAVisiter ← le quadrilatère où se trouve la 2ème extrémité du
> >
> > segmentFaille ;
> >
> > quadsAExclure ← nul ;
> >
> > segmentFaille ← segmentFaille + 1 ;
>
> **fin si**
>
> **tant que** segmentFaille < nombre total des segments faille ;
>
> épouser le premier point de la faille avec le coin le plus proche de q ;
>
> **pour chaque** quadrilatère dans quadsAVisiter **faire**
>
> > **si** estPointDansQuad(le dernier point de la faille, quadrilatère) **alors**
> >
> > > épouser le dernier point de la faille avec le coin le plus proche du
> > >
> > > quadrilatère ;
> > >
> > > **retourner ;**
> >
> > **fin si**
>
> **fin pour**

Algorithme 4.2 : trouver le quadrilatère qui contient un point

Cet algorithme cherche à localiser le quadrilatère contenant un point. Cette recherche est accélérée par la génération d'une grille régulière grossière de la boite englobante du quadrillage. La maille grossière qui contient le point est localisée puis les nœuds du quadrillage sont parcourus jusqu'à en trouver un qui soit localisé dans la même maille grossière. Un quadrilatère incident à ce nœud est ensuite choisi. Pour tester l'appartenance du point au quadrilatère, celui-ci est subdivisé en deux triangles selon une de ses diagonales et on vérifie pour chacune des arêtes des deux triangles si le point à localiser et le sommet opposé à l'arête courante se trouvent dans deux demi-plans différents formés par l'arête. Si oui, on avance dans le triangle voisin ayant l'arête courante en commun (qui pourrait appartenir au même quadrilatère si l'arête courante est une diagonale du quadrilatère, ou d'un quadrilatère voisin), et on continue la même vérification. Quand le résultat de la vérification est négatif pour toutes les arêtes d'un triangle, le quadrilatère correspondant est celui contenant le point.

Algorithme 4.2 : trouverQuadConteneur

Entrée : point, quadrillage

Sortie : le quadrilatère qui contient le point

calculer la boite englobante du quadrillage ;

mailler la boite englobante en une grille grossière ;

m ← la maille qui contient le point ;

parcourir les nœuds du quadrillage est trouver le premier qui se trouve dans m ;

q ← un quadrilatère incident au nœud trouvé ;

diviser q en 2 triangles, choisir un triangle ;

tant que vrai faire

    trouvé ← vrai ;

    pour chaque arête du triangle **faire**

        si le point et le sommet opposé à l'arête sont dans deux demi-plans **alors**

            triangle ← l'autre triangle incident à l'arête ;

            trouvé ← faux ;

            sortir de la boucle ;

        fin si

    fin pour

    si trouvé = vrai **alors**

        retourner le quadrilatère conteneur du triangle ;

    fin si

fin tant que

Algorithme 4.3 : Vérifier si un point est dans un quadrilatère

Pour savoir si un point est dans un quadrilatère, il faut couper le quadrilatère en deux triangles selon une de ses deux diagonales, puis tester l'appartenance du point aux triangles via ses coordonnées barycentriques : si ces coordonnées sont toutes positives, alors le point est dedans. La coordonnée barycentrique du point P dans le triangle ABC par rapport au sommet A sont calculées par : $(\overrightarrow{PB} \times \overrightarrow{PC})/(\overrightarrow{AB} \times \overrightarrow{AC})$.

Algorithme 4.3 : estPointDansQuad
Entrée : point p ; quadrilatère (i, j)
Sortie : booléen indiquant si le point est dans le quadrilatère

résultat ← vrai ;
diviser en 2 triangles le quadrilatère (i,j) selon sa diagonale (i,j)-(i+1, j+1)
pour chaque sommet du premier triangle **faire**
    si la coordonnée barycentrique de p par rapport au sommet est négative **alors**
        résultat ← faux ;
        sortir de la boucle ;
    fin si
fin pour
si résultat = vrai **alors**
    retourner vrai ;
fin si
pour chaque sommet du deuxième triangle **faire**
    si la coordonnée barycentrique de p par rapport au sommet est négative **alors**
        retourner faux ;
    fin si
fin pour
retourner vrai ;

Algorithme 4.4 : calculer le point suivant sur une faille

En parcourant toutes les arêtes des quadrilatères à visiter à l'exception de celles des quadrilatères à exclure, on cherche le point d'intersection du segment de faille courant avec une de ces arêtes. Si le résultat de la recherche est positif, on regarde si l'intersection coïncide avec une extrémité de l'arête intersectée. Si oui, cette extrémité devient le nœud épousant le segment; sinon, on désigne n_0 l'extrémité de l'arête la plus proche du point d'intersection et n_1 l'autre extrémité. Si le déplacement du sommet n_0 vers le point d'intersection ne produit pas un quadrilatère dégénéré, n_0 devient le nœud épousant le segment; dans le cas contraire, c'est le nœud n_1 qui devient le nœud à déplacer. On modifie ensuite effectivement les coordonnées du nœud épousant le segment de faille en prenant en compte le point d'intersection; et ce nœud est ajouté dans la liste des nœuds déplacé pour venir épouser la faille.

Algorithme 4.4 : calculerPointSuivantAEpouser
Entrée : segment faille, quadrilatères à visiter, quadrilatères à exclure
Sortie : un nouveau point sur le segment faille épousé avec le quadrillage
n ← -1 ; calculer un nouveau point d'intersection entre le segment faille et les arêtes des quadrilatères à visiter, en excluant le quadrilatère que le segment quitte; **retourner** -1 si aucun point d'intersection n'est trouvé ; soit n_0 l'extrémité de l'arête intersectée le plus proche du nouveau point d'intersection ; soit n_1 l'autre extrémité de l'arête intersectée ; **si** le bouger de n_0 ne forme pas un quadrilatère dégénéré **alors** 　　n ← n_0 ; **sinon** 　　n ← n_1 ; **fin si**

Algorithme 4.4 : calculerPointSuivantAEpouser

modifier les coordonnées de n selon celles du point d'intersection ;

annexer n à la liste des nœuds épousés de la faille ;

retourner n ;

4.2.3. Calage par parcours : failles multiples

En présence de failles multiples, tous les nœuds du quadrillage ne sont pas libres d'être déplacé car un nœud qui a déjà été modifié pour venir épouser une première faille, ne doit pas être déplacé de nouveau pour prendre en compte une deuxième faille. L'algorithme de calage doit donc tenir compte de ce nouveau contexte plus contraignant, et une procédure de raffinement est éventuellement effectuée pour se délibérer de cette contrainte. Voici les étapes ré-exprimées pour tenir compte des failles multiples dans le quadrillage :démarrer par un calcul d'intersection de toutes les failles les unes avec les autres et caler le quadrillage sur les points d'intersection trouvés;

- caler le quadrillage sur toutes les extrémités des failles;
- pour chaque faille, déterminer une première arête du quadrillage intersectée par la faille, en partant d'une extrémité de la faille ;
- déplacer l'extrémité de l'arête la plus proche du point d'intersection vers celui-ci si ce déplacement n'engendre pas un quadrilatère dégénéré, et si cette extrémité n'a pas déjà été déplacée. Sinon, déplacer l'autre extrémité vers le point d'intersection si cette extrémité est libre (si elle n'a pas déjà été déplacée). Sinon, raffiner le maillage par l'insertion d'un nouveau nœud à la place du point d'intersection et par l'addition d'une ligne ou une colonne complète qui passe par ce nouveau nœud (voir Fig. 4-14). Les quadrillages de tous les horizons inférieurs subissent le même raffinement afin de préserver la même dimension. Un schéma illustrant l'enchaînement de ces étapes est présenté dans Fig. 4-12 ;
- parcourir tous les segments de faille et répéter les étapes de calcul d'intersection et de relocalisation des nœuds en tenant compte des raffinements éventuels, de telle manière à ce que la

faille coïncide complètement avec les arêtes ou les diagonales des quadrilatères du quadrillage.

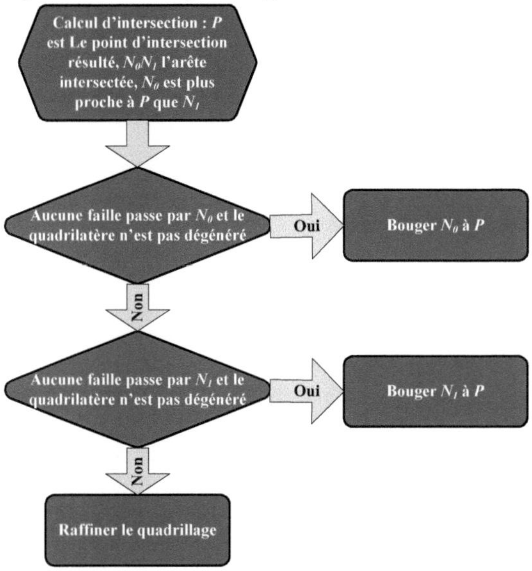

Fig. 4-12 : Stratégie de relocalisation des nœuds dans le contexte de failles multiples.

Pour décrire si un nœud est contraint par une ou plusieurs failles, deux notions sont introduites : la première dite de « Degré faillé d'un nœud » et la deuxième dite de « Failles passantes d'un nœud ».

- **Degré faillé d'un nœud** : un nœud S est dit de degré faillé n si il est le point d'intersection de n failles. Si n est nul alors aucune faille ne passe par ce nœud. On suppose ci-après « df » la fonction qui retourne le degré faillé d'un nœud ; ainsi, on a $df(S) = n$. Les degrés faillés des nœuds peuvent être stockés comme une propriété du quadrillage. Cette information peut être utile à plusieurs reprise lors de la phase de calage des failles, lors de la phase d'optimisation du maillage après calage ($df =$

0 : on peut déplacer librement le nœud; $df = 1$: on peut projeter le nœud sur la faille qui passe par ce nœud; $df >= 2$: on ne peut rien faire avec ce nœud) et lors du report en 3D du quadrillage pour décider quand et comment un nœud sera dédoublé.

- **Failles passantes d'un nœud** : c'est la liste des failles qui passent par ce nœud. On suppose ci-après « *fp* » la fonction qui permet de récupérer les failles qui passent par un nœud.

Concernant les structures de données, quatre structures différentes seront nécessaires pour stocker les informations relatives au fonctionnement de l'algorithme. Compte tenu du fait que le nombre de nœuds du quadrillage peut augmenter dynamiquement suite à un raffinement, une liste chaînée [50] S_1 est utilisée pour ranger les nœuds du quadrillage ce qui permet de faciliter l'ajout d'un nouveau nœud à une position quelconque. Aussi, les nœuds dont le degré faillé est supérieur à zéro (c'est à dire les nœuds qui ont été déplacés pour venir épouser une faille) sont enregistrés dans une liste chaînée S_2 afin de permettre une insertion rapide. Pour localiser efficacement la position à laquelle insérer un nœud dans la liste S_2 des nœuds qui ont été calés sur une faille, une troisième liste chaînée S_3 est employée pour ranger le numéro du segment de faille où se trouve chaque nœud qui a été déplacé pour venir l'épouser (les listes S_2 et S_3 ont donc une taille égale et sont bijectives). Enfin, une quatrième structure S_4 de type « map » (ou dictionnaire) est utilisée pour associer un nœud à sa liste des failles passantes.

Les pseudo-codes correspondant sont détaillés dans les paragraphes suivants selon le graphe d'appel présenté dans Fig. 4-13.

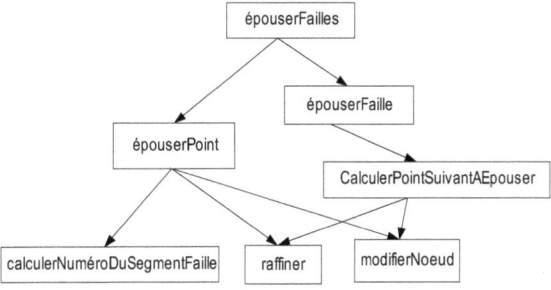

Fig. 4-13 : Graphe d'appel du calage pour les failles multiples.

Algorithme 4.5 : calage du quadrillage sur l'ensemble des failles

Cet algorithme commence par caler le maillage de l'horizon sur les points d'intersection trouvés entre les failles puis sur les extrémités des failles. Ensuite, les failles sont parcourues une par une pour être intégrées dans le quadrillage.

Algorithme 4.5 : épouserFailles
Entrée : quadrillage de l'horizon, failles
Sortie : quadrillage épousé par des failles
épouser les points d'intersection entre les failles sur l'horizon en appelant pour chaque point <u>épouserPoint()</u> ; épouser les extrémités des failles sur l'horizon en appelant pour chaque extrémité <u>épouserPoint()</u> ; **pour** j = 0 à nombre total des failles sur l'horizon **faire**   épouser la faille j avec l'horizon i en appelant <u>épouserFaille(horizon, j)</u> ; **fin pour**

Algorithme 4.6 : calage du quadrillage sur un point quelconque

Afin de venir épouser un point représentant une extrémité d'une faille ou une intersection entre plusieurs failles, le quadrilatère contenant le point doit être localisé dans un premier temps. Ensuite, la relation entre le point et chaque arête du quadrilatère localisé est examinée pour voir si le point coïncide avec une des extrémités d'une des arêtes. Dans ce cas, cette extrémité est marquée comme étant celle devant épouser le point. Si le point se trouve sur une arête, on choisi l'extrémité de l'arête la plus proche du point comme étant celle devant épouser le point si elle est libre d'être déplacée ($df = 0$), sinon on utilise l'autre extrémité. Si les deux extrémités sont contraintes ($df > 0$), un raffinement au niveau de ce point sera réalisé.

Si le point est à l'intérieur du quadrilatère, la distance entre le point et chaque sommet du quadrilatère est calculée ; puis les sommets sont ordonnés selon cette distance. On essaie alors de venir épouser le point avec le sommet le plus proche et libre d'être déplacé. Si aucun des sommets n'est libre, deux raffinements sont réalisés: un sur l'arête du bas du quadrilatère et un sur celle de droite, puis on vient épouser le point avec le nœud correspondant à l'intersection entre la nouvelle colonne et la nouvelle ligne.

Algorithme 4.6 : épouserPoint

Entrée : point à épouser, failles passantes du point, quadrillage

Sortie : quadrillage épousé avec le point

n ← -1 ;

localiser le quadrilatère conteneur du point à épouser ;

pour chaque arête du quadrilatère **faire**

    si le point est sur l'arête **alors**

        calculer l'abscisse curviligne du point sur l'arête ;

        si l'abscisse = 0 **ou** l'abscisse = 1 **alors**

            n ← l'extrémité correspondante de l'arête : le point coïncide avec l'extrémité ;

Algorithme 4.6 : épouserPoint

    sinon

        le point est donc sur l'arête,

        si les degrés faillés des deux extrémités sont != 0 **alors**

            n ← raffiner(le point à épouser, l'arête) ;

        sinon

            n ← l'extrémité ayant le degré faillé = 0 et plus proche du point

              si possible

        fin si

      fin si

      sortir pour ;

    fin si

fin pour

si n = -1 **alors**

    le point est à l'intérieur du quadrilatère,

    n ← coin du quadrilatère ayant le degré faillé = 0 et plus proche du point

      si possible ;

    si aucun coin n'est choisi **alors**

        raffiner(point central de l'arête en bas du quadrilatère, l'arête

          correspondante) ;

        n ← raffiner(point central de l'arête à droite du quadrilatère, l'arête

          correspondante) - 1 ;

    fin si

fin si

mettre à jour le coordonnées du nœud n avec celles de point à épouser ;

pour chaque faille passante **faire**

    numSeg ← calculerNuméroDuSegmentFaille(faille passante, n) ;

    mettre à jour la liste de noeuds épousés avec la faille & le map de failles

      passantes en appelant modifierNoeud(faille passante, numSeg, n) ;

fin pour

Algorithme 4.7 : déplacement d'un nœud sur un segment de faille

Contrairement à un raffinement de maillage que l'on propage sur tous les horizons du modèle, cette opération ne concerne que l'horizon courant, elle entraîne la mise à jour de chacune des quatre structures décrites en début de §4.2.3 :

- une mise à jour des coordonnées du nœud dans la liste chaînée S_1 identifiant les nœuds du quadrillage;
- une insertion du nœud dans la liste S_2 des nœuds déplacés pour venir épouser la faille courante;
- une insertion du segment de faille dans la liste S_3 qui enregistre les segments de faille correspondant aux nœuds déplacés sur la faille courante;
- une mise à jour de la liste des failles passantes associée à ce nœud dans la structure de « map » S_4.

L'algorithme se base sur le parcours en parallèle des deux listes bijectives S_2 et S_3 ainsi que sur les éléments de la structure de map S_4. Il prend en entrée un nœud qui doit être déplacé et un numéro de segment de faille ainsi que la faille lui correspondant et sur laquelle le nœud sera calé. Pour mettre à jour la liste des nœuds calés (S_2) et celle des segments de faille (S_3) avec le nœud en cours de calage, ces deux listes sont parcourues en même temps. Lors de ce parcours, une comparaison est effectuée entre le numéro du segment courant issus de la liste S_3 et celui du segment donné en entrée. Si le numéro du segment courant est inférieur au numéro du segment donné en entrée, on continue le parcours jusqu'à ce que le numéro du segment courant soit égal ou supérieur au numéro du segment donné en entrée. Si le nœud correspondant à cette position dans la liste S_2 est égal au nœud donné en entrée cela signifie que le nœud donné en entrée a déjà été déplacé pour venir épouser un segment de faille qui est lui aussi déjà présent dans la liste S_3. Dans ce cas, aucune opération n'est réalisée. Dans le cas contraire, trois possibilités s'offrent à nous pour trouver la position d'insertion du nœud dans la liste S_2:

- dans le cas où le nœud donné en entrée et le nœud courant sont sur le même segment de faille, on compare leurs abscisses curvilignes sur le segment, et on reprend le parcours si l'abscisse curviligne du noeud donné est supérieure à celle du noeud courant ; sinon, on insère le nœud en entrée devant celui courant.

- si les deux nœuds sont sur des segments différents, on insère le nœud en entrée devant le premier nœud dont le numéro de segment est supérieur au numéro de segment donné en entrée.

- dans les autres cas, le nœud donné en entrée et son segment correspondant sont ajoutés à la fin des listes concernées.

En ce qui concerne la mise à jour de la structure de map des failles passantes, on regarde si une liste de failles passantes est déjà associée au nœud donné en entrée, si oui, on ajoute dans cette liste la faille donnée en entrée; sinon, on ajoute un nouveau couple nœud – liste de faille à la structure S_4.

Algorithme 4.7 : modifierNoeud
Entrée : le nœud, faille, n° du segment faille
Sortie : liste des nœuds épousées, liste des segments faille et map des failles passantes mis à jour selon le nœud

se positionner au début de la liste de nœuds épousées et celle des segments faille ;
 	
 aAnnexer ← vrai ;
 	
 tant que la liste des nœuds épousés n'est pas au bout **faire**
 	
     récupérer le nœud courant dans la liste des nœuds épousés ;
 	
     récupérer le segment courant dans la liste des segments faille ;
 	
     si le segment courant < n° du segment faille en entrée **alors**
 	
         avancer un pas dans les deux listes ;
 	
         reboucler ;
 	
     fin si
 	
     si le segment courant > n° du segment faille en entrée **alors**
 	
         aAnnexer ← faux ;
 	
         sortir de la boucle ;

Algorithme 4.7 : modifierNoeud

    fin si

    si le nœud courant = le nœud en entrée **alors**

        retourner ;

    fin si

    calculer l'abscisse du nœud courant et celui du nœud en entrée sur le segment

        courant ;

    si l'abscisse du nœud courant > l'abscisse du nœud en entrée **alors**

        aAnnexer ← faux ;

        sortir de la boucle ;

    fin si

  fin tant que

  si aAnnexer = vrai **alors**

    ajouter à la fin le nœud en entrée dans la liste des nœuds épousés ;

    ajouter à la fin le segment en entrée dans la liste des segments faille ;

sinon

    se reculer un pas dans la liste des nœuds épousées et celle des segments faille

;

    ajouter sur place le nœud et le segment les deux listes respectivement ;

  fin si

  Récupérer dans le map des failles passantes les failles passantes associées

    au nœud ;

  si il n'y a pas de failles passantes associées au nœud **alors**

    ajouter le couple <nœud, faille> dans le map ;

sinon

    ajouter la faille dans la liste des failles passantes du nœud récupérée

        précédemment ;

  fin si

Algorithme 4.8 : calage d'un quadrillage sur une faille

Une fois le quadrillage calé sur les points caractéristiques du réseau de faille (les extrémités des failles et les points d'intersection entre failles), il faut caler le reste du quadrillage sur l'ensemble des failles.

L'algorithme pour contraindre un quadrillage sur une faille spécifique dans le contexte de failles multiples est modifié comme ci-dessous par rapport à celui fonctionnant dans un contexte d'une seule et unique faille: on commence par récupérer le premier nœud dans la liste S_2 des nœuds calés sur la faille, il correspond à l'extrémité du premier segment de la faille. Ce nœud est dit « nœud courant », le segment correspondant issus de la liste S_3 est appelé « segment courant ». Le nœud suivant est récupéré pour vérifier si les deux nœuds forment une arête ou une diagonale d'un quadrilatère du maillage. Si oui, le nœud suivant devient le "nœud courant", et on passe au segment correspondant de ce nouveau "nœud courant". On va alors repérer les cellules incidentes au "nœud courant" et chercher l'intersection entre ces cellules et le "segment courant" de la faille. Si une intersection est trouvée, on choisit une extrémité de l'arête intersectée pour la déplacer sur le point d'intersection. Si aucune extrémité de l'arête intersectée n'est libre pour être déplacé, on raffine le quadrillage. Le dernier nœud déplacé (ou le nouveau nœud ajouté suite à un raffinement et placé sur la position du point d'intersection) devient le "nœud courant"; on l'insère dans la liste S_2 des nœuds calés sur la faille. Les cellules incidentes au "nœud courant" deviennent les cellules à visiter pour calculer l'intersection suivante avec le même segment de faille, à l'exclusion de celles qui ont comme extrémités d'arête ou de diagonale les deux derniers nœuds traités. Si il n'y a plus d'intersection entre le "segment courant" et les cellules à visiter, on passe au segment de faille suivant pour calculer son intersection avec l'ensemble des cellules à visiter précédent, et ainsi de suite jusqu'à arriver à l'extrémité de la faille.

Algorithme 4.8 : épouserFaille
Entrée : quadrillage, faille

Algorithme 4.8 : épouserFaille

Sortie : quadrillage épousé avec la faille

segmentFaille ← 0 ;

nœudCourant ← premier élément dans la liste des noeuds épousées ;

cellulesAVisiter ← les cellules ayant noeudCourant en commun ;

cellulesAExclure ← nul ;

tant que vrai **faire**

    n ← -1 ;

    noeudEnAvant ← le nœud qui suit noeudCourant dans la liste des nœuds

        épousées si il existe, -1 sinon ;

    si noeudCourant et noeudEnAvant forment une arête ou une diagonale **alors**

        si noeudEnAvant est le dernier dans la liste des nœuds épousés **alors**

            retourner ;

        fin si

        n ← noeudEnAvant ;

        segmentFaille ← calculerNuméroDuSegmentFaille(faille, n) ;

    sinon

        n ← CalculerPointSuivantAEpouser(segmentFaille, celluesAVisiter,

        cellulesAExclure) ;

    fin si

    si n != -1 **alors**

        cellulesAExclure← les cellules ayant n et noeudCourant comme

            arête/diagonale ;

        noeudCourant ← n ;

        cellulesAVisiter ← les cellules incidentes à noeudCourant ;

    sinon si segmentFaille < nombre total des segments faille – 1 **alors**

        cellulesAVisiter ← la cellule où se trouve la 2ième extrémité du

            segmentFaille ;

        cellulesAExclure ← nul ;

        segmentFaille ← segmentFaille + 1 ;

    sinon

Algorithme 4.8 : épouserFaille

   retourner ;

  fin si

 fin tant que

Algorithme 4.9 : calculer le point à caler suivant sur une faille

En parcourant toutes les arêtes des cellules à visiter, on trouve le point d'intersection entre une de ces arêtes et le segment de faille courant. Si cette intersection coïncide avec une extrémité de l'arête intersectée, cette extrémité devient le nœud qui vient épouser le segment; sinon, on désigne n_0 l'extrémité de l'arête intersectée la plus proche du point d'intersection, n_1 l'autre extrémité. Si le degré faillé de n_0 est égal à 0, c'est à dire qu'il n'a pas encore été déplacé sur une faille, et si son déplacement vers le point d'intersection ne fabrique pas un quadrilatère dégénéré, alors n_0 devient le nœud qui vient épouser le segment de faille; sinon, on regarde si le degré faillé de n_1 est égal à 0 et si un quadrilatère dégénéré ne sera pas formé par le déplacement de n_1, si la réponse est positive, n_1 devient le nœud qui vient épouser le segment de faille. Dans tous les autres cas, un raffinement aura lieu sur le point d'intersection. A la fin, la liste S_2 des nœuds calés sur la faille et celle (S_3) des segments de faille sont mises à jour, de même pour la structure S_4 de map des failles passantes.

Algorithme 4.9 : calculerPointSuivantAEpouser

Entrée : segment faille, cellules à visiter, cellules à exclure

Sortie : un nouveau point sur le segment faille épousé avec le quadrillage

 n ← -1 ;

  calculer un nouveau point d'intersection entre le segment faille et les arêtes des

   quadrilatères à visiter, en excluant les quadrilatères à exclure ;

  retourner -1 si aucun point d'intersection n'est trouvé ;

  soit n_0 l'extrémité de l'arête intersectée le plus proche du nouveau point

---

Algorithme 4.9 : calculerPointSuivantAEpouser

      d'intersection ;

    soit n_1 l'autre extrémité de l'arête intersectée ;

    si n_0 est sur une des extrémités de l'arête intersectée **alors**

        $n \leftarrow n_0$;

    sinon

        si le degré faillé de $n_0 = 0$ **et** le bouger de n0 ne forme pas un quadrilatère

            dégénéré

        alors

            $n \leftarrow n_0$;

        sinon si le degré faillé de $n_1 = 0$ **et** le bouger de n_1 ne forme pas un

            quadrilatère dégénéré

        alors

            $n \leftarrow n_1$;

        fin si

        si n = -1 **alors**

            construire une liste en ajoutant le nouveau point comme élément ;

            n ← raffiner(liste) ;

        sinon

            modifier les coordonnées de n selon celles du point d'intersection ;

        fin si

    fin si

    modifierNoeud(faille, segment faille, n) ;

    retourner n ;

Algorithme 4.10 : Raffinement de maillage

Le processus de raffinement de maillage est déclenché lorsqu'il y a besoin d'ajouter un nouveau nœud correspondant à un point d'intersection entre une faille et une arête d'un quadrillage alors qu'aucun des sommets de l'arête intersectée ne peut être déplacé. Voir Fig. 4-14 : *P* est le point d'intersection, N_0N_1 est l'arête intersectée. Quand cette arête est verticale, une subdivision horizontale est réalisée entre les lignes d'indexes j_0 et j_1. Si cette arête est horizontale, une subdivision verticales est réalisée entre les colonnes d'indexes i_0 et i_1. La subdivision peut garder une proportion constante comme celle de l'arête de départ N_0P/N_0N_1, mais il est préférable d'avoir une plus grande régularité sur les points d'intersection de la subdivision avec le quadrillage existant (ex., N_2P_1/N_2N_3 est égal à ½ au lieu de N_0P/N_0N_1). Les nouveaux nœuds créés par la subdivision sont insérés dans la liste chaînée S_1 représentant le quadrillage, avec le nombre de colonnes ou de lignes incrémenté de 1.

Certaines nouvelles arêtes de la subdivision peuvent encore être intersectées par des segments de failles qui ont déjà été épousés soit par des arêtes, soit par des diagonales des quadrilatères du maillage. Dans le cas d'un calage sur une arête, le nouveau point d'intersection est aussi un nœud calé sur un segment de faille (ex. P_1 dans Fig. 4-14), il faut alors l'insérer dans la liste S_2 des nœuds calés sur la faille. Dans le cas d'un calage sur la diagonale d'un quadrilatère, il faut d'abord essayer de déplacer l'extrémité de la nouvelle arête la plus proche du point d'intersection (ex. déplacer P_2 vers $P_{2'}$ dans Fig. 4-14) vers celui-ci; si cette extrémité est déjà calée sur une faille, il faut déplacer l'autre extrémité. Si les deux extrémités ont déjà été déplacées, il faudra encore raffiner (ex. raffiner sur $P_{3'}$ dans Fig. 4-14).

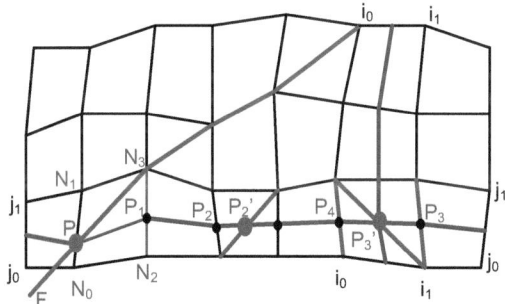

Fig. 4-14 : Stratégie de raffinement.

Les lignes épaisses rouges représentent les segments de faille, les lignes bleues représentent les nouvelles arêtes.

Algorithme 4.10 : raffiner

Entrée : liste des points à raffiner

Sortie : les quadrillages raffinés de tous les horizons déjà travaillés

---

noeudRaffine ← -1 ;

horizon ← l'horizon où se trouve le premier point à raffiner ;

tant que la liste de points à raffiner n'est pas vide **faire**

récupérer le premier point à raffiner et le supprimer de la liste ;

calculer le pas, le début, la fin de la boucle qui calcule les nouveaux nœuds selon le point à raffiner ;

mettre à jour noeudRaffine et les indices des nœuds dans la liste des points à raffiner selon la future dimension du quadrillage après le raffinement du point courant ;

pour ih = horizon **à** 0 **faire**

la faille passante du nouveau nœud ← la faille passante de l'arête e ;

pour e = début **à** fin avec le pas calculé **faire**

si on est sur l'arête de l'horizon du point à raffiner **alors**

le nouveau nœud courant ← le point à raffiner ;

faille passante du nouveau nœud ← faille passante de la diagonale si le point à raffiner est sur une diagonale ;

sinon

le nouveau nœud courant ← le point central de l'arête e ;

fin si

pour chaque diagonale du quadrilatère courant **faire**

récupérer la faille passante ;

si la faille passante existe **alors**

calculer l'intersection de la diagonale avec la nouvelle arête courante ;

Algorithme 4.10 : raffiner

> **si** l'extrémité de la nouvelle arête le plus proche est libre
>
> **alors** bouger la jusqu'à l'intersection
>
> **sinon** si l'autre extrémité est libre **alors**
>
>> bouger la jusqu'à l'intersection ;
>
>> **sinon**
>
>>> ajouter l'intersection dans la liste des points à raffiner ;
>
>> **fin si**
>
> **fin si**
>
> **fin pour chaque**
>
> **fin pour**
>
> parcourir la liste des nœuds épousés et mettre à jour les nœuds selon la future dimension ;
>
> parcourir le map des failles passantes et mettre à jour les clés selon la future dimension ;
>
> ajouter les nouveaux nœuds dans la liste des nœuds épousées et le map des failles passantes ;
>
> ajouter les nouveaux nœuds dans le quadrillage ;
>
> **fin pour**
>
> **fin tant que**
>
> **retourner** noeudRaffine ;

4.3. *Évaluation de la qualité du quadrillage*

L'angle minimal d'un quadrilatère a été choisi comme critère d'évaluation de la qualité du quadrilatère. Ainsi, l'angle minimal, l'angle moyen et l'histogramme de tous les quadrilatères permettent une évaluation globale de la qualité du quadrillage. Voir Fig. 4-15, le critère de qualité du quadrilatère *ABCD* est calculée par : $Q(ABCD) = \min \varphi(\theta_i)$ $i = 1,..,4$, dont φ définit une qualité de 1 (meilleure qualité) pour un angle droit, une qualité de 0 (pire qualité) pour un angle fermé (0 degrés) ou plat (180 degrés), et une qualité linéairement interpolée pour un angle intermédiaire.

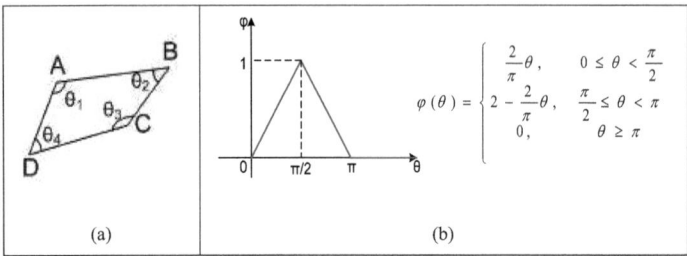

Fig. 4-15 : Critère de qualité du quadrillage.

La qualité moyenne du quadrillage est calculée par : $Qm = \dfrac{\sum\limits_{i}^{n} Q(q_i)}{n}$, correspondant donc à la moyenne des qualités de chacun des quadrilatères.

La qualité minimale du quadrillage est donnée par : $Q\min = \min\limits_{1 \le i \le n} Q(q_i)$, correspondant donc à la valeur de qualité du quadrilatère le plus déformé.

L'histogramme étudie la distribution du nombre des éléments en fonction de leur qualité. En cas d'une partition de qualité en 11 intervalles, l'histogramme est représenté dans un tableau appelé 'tab', et il est construit de la manière suivante :

- initialisation : $tab[j] = 0$, $0 \le j \le 10$
- calcul de l'histogramme : $j = floor\,(10*Q(q_i)+0.5)$, $tab[j]$++

4.4. Optimisation du quadrillage

Pour obtenir une meilleure qualité des éléments du quadrillage, l'optimisation est une routine incontournable à prendre en compte après la génération du quadrillage et son calage sur les failles. Dans le cas d'un quadrillage déjà calé sur des failles, pour un nœud donné qui n'a pas été déplacé sur une faille, la position optimale de ce nœud dans le quadrillage est obtenue par une interpolation entre sa position actuelle et celle moyenne issue des positions des points voisins. Si le nœud a été déplacé sur une faille, sa nouvelle position doit rester sur la même faille, ce qui est possible en projetant sa position optimale sur cette faille. Pour le cas particulier des nœuds caractéristiques correspondant soit à une extrémité de faille soit à un point d'intersection entre failles, ils ne sont pas modifiable.

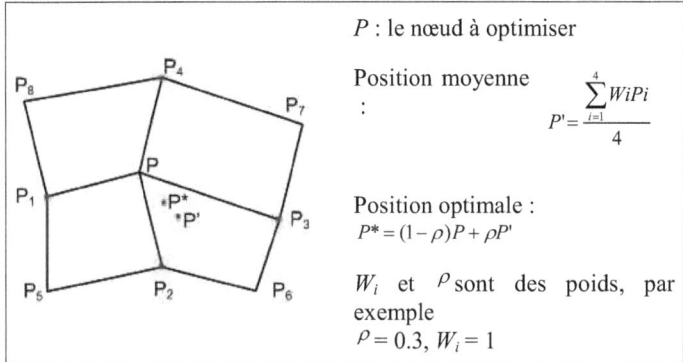

P : le nœud à optimiser

Position moyenne :
$$P' = \frac{\sum_{i=1}^{4} WiPi}{4}$$

Position optimale :
$$P^* = (1-\rho)P + \rho P'$$

W_i et ρ sont des poids, par exemple
$\rho = 0.3$, $W_i = 1$

Fig. 4-16 : Position optimale d'un nœud.

Le processus d'optimisation calcule la position optimale P^* (ou son projeté, pour les nœuds calés sur des failles) à partir de la position P pour tous les nœuds du quadrillage; il itère jusqu'à ce que le critère d'arrêt soit satisfait. Dans notre cas, le critère d'arrêt est lorsque la somme des déplacements des nœuds reste inférieur à un certain seuil.

Voici comment calculer le projeté P'' d'un point P sur une faille :

- Calculer la coordonnée paramétrique t pour P'' sur le segment de la faille $\overrightarrow{P_4 P}$:

$$\overrightarrow{P^* P''} \bullet \overrightarrow{P_4 P} = 0 , \quad t = \frac{\overrightarrow{P_4 P^*} \bullet \overrightarrow{P_4 P}}{\overrightarrow{P_4 P} \bullet \overrightarrow{P_4 P}}$$

- Si $0 \leq t \leq 1$, P'' est ok, remplacer P par P'' et passer au nœud suivant ;
- Sinon, Si $t < 0$, continuer sur le segment de faille voisin de P_4 ($\overrightarrow{P_4 P_5}$) et projeter de nouveau P^* sur ce segment, recalculer t ;
- Si $t > 1$, continuer sur le segment de faille voisin de P ($\overrightarrow{PP_2}$) ;

- Si t est compris entre 0 et 1, le nouveau P'' est ok ;
- Si t revient en sens inverse, utiliser le nœud du milieu comme P'', voir Fig. 4-17 (b).

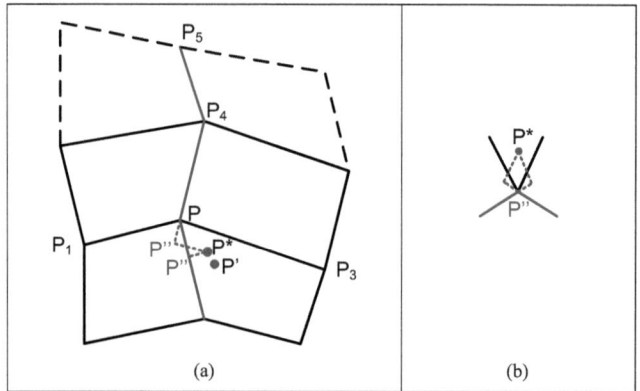

Fig. 4-17 : Projection de la position optimale sur une faille.

Chapitre 5. Maillage volumique

La méthode de "grille-contrainte" décrite dans le chapitre précédent permet de générer pour chaque horizon un quadrillage 2D calé avec les failles ; dans ce nouveau chapitre la génération effective de maillage 3D sera exposée étape par étape dans quatre sections. La section 5.1 décrit le report du quadrillage 2D vers l'horizon réel en espace 3D ; la section 5.2 présente la génération d'éléments volumiques par mise en correspondance des quadrillages 3D, et par découpage éventuel des cellules selon les failles. La régularisation des éléments avec des sommets confondus est résolue dans la section 5.3, suivie de l'évaluation de qualité d'éléments par un critère mis en place dans la section 5.4.

5.1. Report du quadrillage en horizon réel

Cette étape consiste à transformer d'abord les nœuds du quadrillage 2D puis leur connectivité, sur la surface horizon 3D. La transformation des nœuds est réalisée par un changement de repère, du repère de la surface 2D triangulée au repère de la surface 3D triangulée, des nœuds du quadrillage. L'identité topologique des surfaces triangulées en 2D et en 3D est la base de cette procédure de transformation. La connectivité est rétablie de façon à maximiser le nombre de quadrilatères ; seuls les quadrilatères pour lesquels une faille passe par l'une de leurs diagonales, sont divisés en deux triangles.

5.1.1. Structure principale du quadrillage 3D

La structure principale est appelée "*SplitGrid*", elle représente un quadrillage 3D quasi-régulier, avec certains nœuds dédoublés en deux ou plus. L'étape du report du quadrillage en horizon réel a pour but de remplir la structure de "*SplitGrid*", qui est décrite par :

- n_u et n_v : nombre de colonnes et de lignes ;
- nœuds : liste des nœuds (I, J) ;
- cellules : liste des cellules.

Pour un nœud (I, J) sont stockées les informations suivantes :

- nombre de nœuds équivalents en horizon 3D.
- pour chaque nœud équivalent :
  - numéro de faille ;
  - référence du côté de la faille ;
  - numéro du segment de la faille ;
  - abscisse curviligne du nœud sur le segment faille correspondant ;
  - quand le nœud représente une intersection entre des failles, au lieu de stocker les informations ci-dessus, ce sont plutôt le numéro du nœud dans la triangulation, la référence du côté d'une faille, et l'autre référence du côté de l'autre faille qui sont enregistrés ;
  - coordonnées x, y, z ;
  - triangle conteneur ;
  - coordonnées barycentriques par rapport au triangle conteneur.

Pour décrire une cellule dans une "*SplitGrid*", trois types sont définis :

- type 0 : quadrilatère normal ;
- type 1 : quadrilatère découpé en deux triangles par la diagonale allant de gauche inférieure à droite supérieure ;
- type 2 : quadrilatère découpé en deux triangles par la diagonale allant de droite inférieure à gauche supérieure.

Un schéma de ces trois types de cellule se trouve dans Fig. 5-1. La numérotation locale des nœuds et des arêtes de la cellule y est indiquée, ainsi que la numérotation globale des nœuds en I et J.

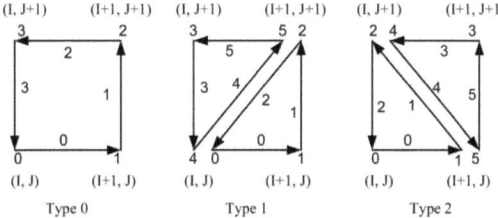

Fig. 5-1 : Trois types de cellule d'une SplitGrid.

Pour chaque cellule d'une "*SplitGrid*" sont stockées les informations suivantes :

- type de la cellule ;
- nombre de sommets ;
- tableau de sommets.

5.1.2. Report des nœuds du quadrillage

Pour reporter chaque nœud du quadrillage situé en dehors d'une faille ($df = 0$, voir §4.2.3 pour la définition de df), les étapes suivantes sont effectuées :

- Localiser un triangle conteneur du nœud 2D dans la surface horizon triangulée 2D. Cette localisation est réalisée par un outil interne de l'*IFP* appelant "moteur géométrique" ;
- Déterminer les coordonnées barycentriques (α, β, γ) du nœud 2D dans le repère défini par le triangle conteneur ;
- Positionner le nœud dans le repère défini par le même triangle, mais de la surface triangulée 3D, en fonction de ces coordonnées barycentriques (Fig. 5-2). Le nœud obtenu est appelé le **nœud équivalent** du nœud 2D ;
- Enregistrer les coordonnées barycentriques avec le triangle conteneur.

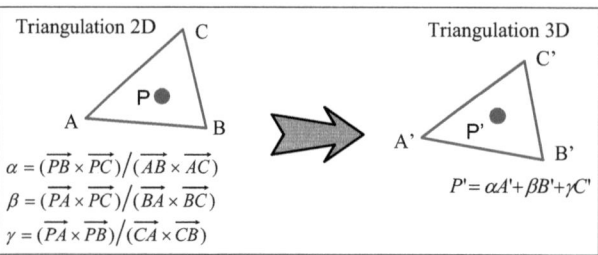

Fig. 5-2 : Report d'un nœud du quadrillage non faillé (*P* vers *P'*).

Pour chaque nœud du quadrillage situé sur une faille, la manière de reportage est différente : le repère en 2D est changé à la courbe de faille ; et celui en 3D devient les deux courbes de la même faille (Fig. 5-3). Les étapes de report sont modifiées comme ci-dessous :

- Déterminer l'abscisse curviligne du nœud 2D sur la courbe faille ;
- Reporter ce nœud sur la faille dans le repère 3D au moyen de cette abscisse curviligne, et dédoubler ce nœud sur chaque coté de la lèvre de la faille si nécessaire. Ce nœud ou ces nœuds reportés en 3D sont appelés les **nœuds équivalents** du nœud 2D ;
- Localiser les triangles conteneurs des nœuds équivalents dans la triangulation 3D ; calculer leurs coordonnées barycentriques; et enregistrer ces coordonnées barycentriques avec les triangles conteneurs.

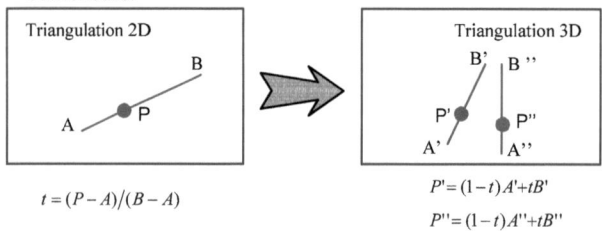

Fig. 5-3 : Report d'un nœud de quadrillage faillé (*P* vers *P'* et *P''*).

5.1.3. Report topologique du quadrillage

Une fois que les nœuds du quadrillage déplié sont reportés en horizon réel, la connectivité entre ces nœuds est rétablie en formant des cellules avec les trois types mentionnés ci-dessus. Ces cellules sont construites une par une en parcourant d'abord la direction I puis J. Les étapes suivantes sont appliquées pour construire une cellule donnée :

- Le type de la cellule courante est d'abord déterminé. Pour ce faire, il faut juste vérifier s'il y a une faille passante sur l'une de deux diagonales du quadrilatère dans le quadrillage 2D. Si oui, le type est de 1 ou 2, si non, le type est de 0.

- Le nombre de sommets pour la cellule est alors obtenu en fonction de son type, ainsi que l'indice globale (I, J) de chaque sommet.

- Avec son indice (I, J), on vérifie si chaque sommet est dédoublé ou pas, en examinant la liste de nœuds (I, J) préalablement remplie.

- Pour chaque sommet non dédoublé, son nœud équivalent est unique et pris immédiatement pour recomposer la cellule 3D.

- Pour chaque sommet dédoublé avec deux ou plus des nœuds équivalents, les étapes suivantes sont appliquées :
  - une de ses failles passantes est d'abord choisie. Si le sommet se situe sur la diagonale traversée par une faille, sélectionner cette faille. Sinon, itérer sur chaque faille passante et repérer le nœud voisin du sommet sur la faille ; calculer ensuite le chemin entre ce nœud voisin et le **nœud opposé** du sommet (voir Tableau 1). Un chemin entre deux nœuds (I, J) et (I_i, J_i) est défini par $|I-I_i| + |J-J_i|$. Choisir la faille ayant le plus court chemin (Fig. 5-4).
  - Le côté de la faille est calculé en fonction du **nœud opposé** du sommet selon l'algorithme 5.1.
  - Le nœud équivalent est alors choisi selon la faille et ce côté.

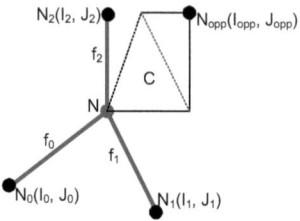

Fig. 5-4 : Report topologique du sommet *N* dans la cellule *C*. *N* a 3 failles passantes *f₀*, *f₁* et *f₂*, sur lesquelles le nœud voisin de *N* sont *N₀*, *N₁*, *N₂*. *N_opp* est le nœud opposé de *N*.

Tableau 1. Nœud opposé selon le type de la cellule.

Type de la cellule	noeud	noeud opposé
0	0	2
0	1	3
0	2	0
0	3	1
1	0, 2, 3	1
1	1, 4, 5	3
2	0, 4, 5	3
2	1, 2, 3	0

Algorithme 5.1 : calculer le côté de faille pour un nœud sur la faille

Pour décider le côté de faille pour un nœud sur la faille, son nœud opposé dans la cellule est d'abord retiré selon le tableau ci-dessus. En cas général, le nœud opposé se situe d'un côté de la faille au lieu de se trouver sur la faille elle-même. Le bon côté de faille est alors calculé en fonction de ce nœud opposé. Pour ce faire, le segment faille où se situe le nœud à reporter (côté 0) est récupéré premièrement. Ensuite, les triangles incidents à chaque bout du segment faille sont calculés. Un seul triangle incident commun existe pour tous les deux bouts, il a pour sommets les deux bouts du segment faille, soit *B* et *C*, et un troisième qui ne se situe pas sur la faille, soit A. Soit P le nœud opposé au nœud à reporter, P n'est donc pas sur la faille. Si P et A se trouvent sur deux côtés différents du segment faille BC, c.-à.-d. la coordonnée barycentrique de P est négative par rapport à A dans le triangle ABC (dans 2D espace), le côté de faille pour le nœud à reporter sera 1. Sinon, c'est 0.

Algorithme 5.1 : calculerCôtéFaille
Entrée : nœud, faille
Sortie : côté de faille pour le nœud
trouver le nœud opposé P dans la cellule ;   côté ← 0 ;   récupérer le segment faille où se situe le nœud ;   récupérer les triangles incidents à un bout du segment faille ;   récupérer les triangles incidents à l'autre bout du segment faille ;   repérer le triangle commun de deux groupes de triangles ci-dessus ;   soit A, B, C les sommets du triangle, B et C constituent le segment faille ; $\alpha \leftarrow \left(\overrightarrow{PB} \times \overrightarrow{PC}\right) / \left(\overrightarrow{AB} \times \overrightarrow{AC}\right)$;   **si** $\alpha < 0$ **alors**   côté ← 1 ;   **fin si**   **retourner** côté ;

5.2. Génération de maillage hexa-dominant par correspondance

Cette étape consiste à construire un maillage tridimensionnel du milieu, en reliant directement les nœuds ayant les mêmes coordonnées (I, J) sur deux horizons voisins de façon à former des mailles tridimensionnelles, et à découper éventuellement ces mailles si elles sont traversées par la faille. Voir Fig. 5-5.

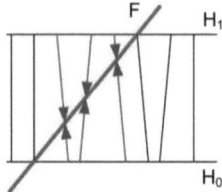

Fig. 5-5 : Génération de maillage hexa-dominant par correspondance.

Quand un quadrilatère sur un horizon est dédoublé en deux triangles via une faille qui passe par la diagonale, le quadrilatère correspondant sur tous les autres horizons est aussi virtuellement découpé de la même manière ; ainsi, deux prismes au lieu d'un hexaèdre seront formés entre deux horizons. Quand il existe deux quadrilatères des mêmes coordonnées (I, J) dédoublés tous les deux en deux triangles, l'un via la diagonale allant de gauche inférieure à droite supérieure, l'autre via la diagonale allant de gauche supérieure à droite inférieure, tous les quadrilatères de la même colonne sont splittés en quatre triangles via les deux diagonales.

5.2.1. Configurations problématiques

Il y a deux configurations particulières avec lesquelles on ne peut pas appliquer simplement la stratégie de relier-couper ci-dessus. La 1^{ière} configuration concerne la connexion entre un quadrilatère et deux triangles pour former deux prismes. On remarque que ces deux prismes sont torsadés et l'interface de la faille n'est pas respectée. Dans Fig. 5-6, les segments dessinés en rouge gras sont sur la même surface de faille, on voit que le quadrilatère en bas à gauche de la faille rejoint deux triangles en haut à gauche et à droite de la faille.

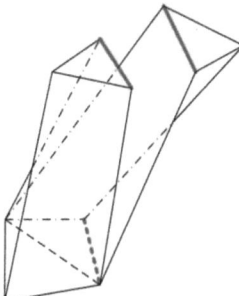

Fig. 5-6 : Configuration problématique pour connecter deux triangles avec un quadrilatère.

Une autre configuration problématique est produite quand les horizons sur les deux côtés de la faille glissent sur celle-ci (Fig. 5-7) : les éléments dessinés avec des lignes pointillées sont incorrectement construits en dehors de la couche formée entre les horizons H_0 et H_1 en reliant les mêmes nœuds (I, J) puis les coupant en deux le long de la faille F.

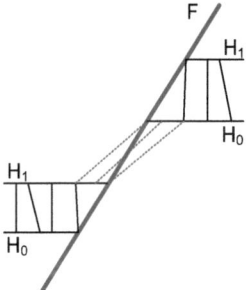

Fig. 5-7 : Configuration problématique avec le glissement de couches le long de la faille.

5.2.2. Détection des configurations problématiques : 1ère approche

La malformation des éléments correspondante aux deux configurations ci-desssus, est due à un choix incorrect de la direction de lien entre deux horizons. La solution réside ainsi dans la détection et la correction des mauvaises directions. Pour détecter la présence d'une mauvaise direction pendant la création d'un élément 3D, les étapes suivantes sont appliquées :

- On vérifie s'il existe une faille qui passe par deux arêtes de l'élément 3D, une sur l'horizon en haut et une autre sur celui en bas. Si oui et si les indices locaux de ces deux arêtes sont différents, l'élément est coupé par la faille et il convient de le corriger.
- Si le résultat de la vérification précédente est négatif, il faut vérifier de plus s'il existe une faille qui passe par un nœud sur un horizon, et par une arête opposée sur l'autre horizon. Si oui, l'élément 3D est aussi à corriger.
- Si le résultat de la vérification précédente est encore négatif, un dernier contrôle est à faire pour voir s'il existe un segment reliant les mêmes nœuds (I, J) qui traverse une faille. Si oui, l'élément 3D comprend effectivement des directions à corriger et il doit être remplacé par deux éléments 3D qui suivent les directions rectifiées.

Après avoir détecté un élément 3D problématique, les faces en haut et en bas de l'élément sont à enregistrer dans une liste pour le traitement ultérieur ; la faille coupante est aussi stockée en correspondance. Pour un élément non problématique, il est construit sur place et chaque connexion entre un nœud faillé et un autre nœud est mise dans un "map" avec le nœud faillé comme la valeur et l'autre nœud comme la clé.

5.2.3. Détection des configurations problématiques : 2ème approche

Un autre point de vue sur la cause de la malformation des éléments est qu'on essaie de relier un élément d'un côté d'une faille à l'élément en correspondance de l'autre côté de la même faille. Basée sur les informations de côtés des failles, une nouvelle méthode de détection des configurations problématiques est proposée en utilisant des cartes de "zone faillée". Cette méthode se déroule de la façon suivante :

- Premièrement, une carte par faille appelée "zone faillée" est construite. C'est une grille unitaire sur laquelle sont superposées les deux traces fermées de la faille, chaque trace étant sur un de deux quadrillages 2D (déjà calés) voisins (Fig. 5-8). Les mêmes extrémités de chaque trace sont reliées entre elles pour former un domaine fermé entre les deux traces.

- Deuxièmement, la zone faillée est définie sur la carte selon le principe suivant : un quadrilatère ou un triangle (formé par la division d'un quadrilatère le long de sa diagonale en faille) compris (totalement ou partiellement) dans le domaine susmentionné fait partie de la zone faillée.

- Troisièmement, si deux éléments surfaciques à relier se retrouvent dans la zone faillée, on peut conclure que c'est effectivement une configuration problématique.

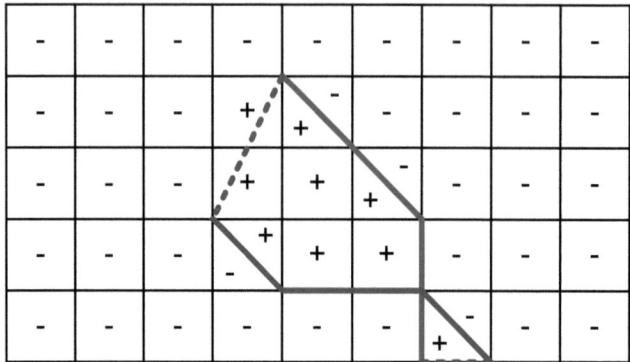

Fig. 5-8 : Carte de "zone faillée".

Les étapes suivantes de cette approche basée sur les cartes de "zone faillée" sont identiques à la première méthode. En cas d'une liaison dans la zone faillée, les deux éléments surfaciques sont à enregistrer dans une liste. Dans le cas contraire, l'élément volumique correspondant est construit tout de suite avec les connexions comprenant un nœud faillé sauvegardées dan le "map" susmentionné.

On peut remarquer que cette méthode basée sur les cartes de "zone faillée" est plus générale et plus efficace. Elle est donc notre solution retenue.

5.2.4. Traitement des configurations problématiques

Après un premier parcours qui détecte toutes les cellules problématiques et construit les cellules normales, la liste des faces problématiques est itérée et réitérée jusqu'à ce que toutes les faces soient traitées pour former des éléments 3D. Une itération est composée des étapes suivantes :

- Sortir une face problématique de la liste.
- Pour chaque nœud de la face, essayer de récupérer un nœud connectant dans le "map" mentionné ci-dessus. Si un tel nœud

est trouvé, il est alors utilisé en tant que le bon nœud pour former la connexion, et cette connexion est à enregistrer dans une liste locale relative à cette face.

- Si aucun nœud connectant est trouvé pour un nœud, examiner si ce nœud est sur la faille coupante de cette face. Si oui, relier ce nœud à lui-même.

- Après la récupération nœud par nœud des nœuds connectant, si tous les nœuds de la face sont connectés, passer à la face suivante.

- Si il reste encore des nœuds non connectés, projeter ces nœuds sur la faille coupante suivant la même direction que la connexion de la plus grande longueur dans la liste locale ; puis relier ces nœuds avec leurs images sur la faille (Fig. 5-9) et enregistrer ces nouvelles connexions dans le "map".

- Si il reste encore des nœuds non connectés mais aucune connexion n'est repérée dans la liste locale des connexions, ré-annexer la face dans la liste de faces.

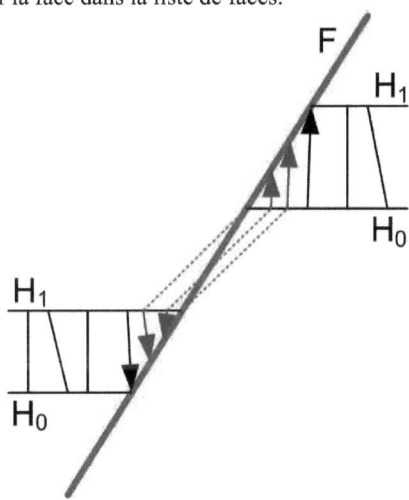

Fig. 5-9 : Correction des configurations problématiques.

La projection d'un nœud sur une faille est réalisée par un algorithme de lancer de rayon, implémenté dans le moteur géométrique. Les coordonnées barycentriques de l'image projetée sont enregistrées avec le triangle conteneur, ainsi que le nœud projetant et le numéro de la faille. Ces informations seront utiles pour faire évoluer le maillage volumique.

5.2.5. Structure de données représentant un maillage hexa-dominant

Le maillage hexa-dominant est représenté par une structure appelée "*HexDominantMesh3D*" [22]. Elle stocke les informations suivantes :

- nombre de sommets ;
- tableau de sommets ;
- nombre de mailles ;
- tableau de mailles.

Pour chaque sommet, les informations suivantes sont stockées :

- coordonnées x, y, z du sommet ;
- indice d'une maille incidente. Un sommet frontalier référence une maille frontalière.

Pour chaque maille, les informations suivantes sont stockées :

- type de la maille (tétraèdre, pyramide, prisme, hexaèdre) ;
- nombre de sommets ;
- tableau de sommets ;
- tableau de mailles voisines.

Une liste de sommets supprimés ainsi que celle de mailles supprimés sont employées pour permettre une suppression rapide des éléments.

La convention de numérotation des sommets est montrée dans Fig. 5-10.

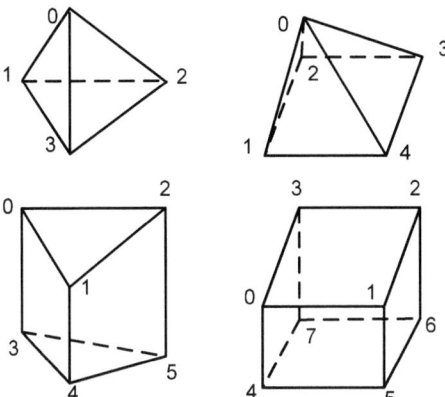

Fig. 5-10 : Convention de numérotation des sommets.

La convention de définition des faces suit la règle suivante : la normale d'une face d'un élément sort de l'élément. Ci-après est un tableau résumant cette convention.

Tableau 2. Convention de numérotation des faces.

Face	Tétraèdre	Pyramide	Prisme	Hexaèdre
0	1 3 0	1 4 0	0 1 2	0 1 2 3
1	3 2 0	4 3 0	3 5 4	4 7 6 5
2	2 1 0	2 3 0	3 4 1 0	4 5 1 0
3	3 1 2	2 1 0	4 5 2 1	5 6 2 1
4		4 1 2 3	5 3 0 2	6 7 3 2
5				7 4 0 3

5.3. Régularisation de mailles

La méthode de création des éléments volumiques présentée dans la section 5.2 produit des fois des hexaèdres ou des prismes dégénérés à la proximité des failles. Cette dégénérescence est due au fait qu'on relie par fois un nœud en faille à lui même. Ainsi, un élément peut avoir des sommets confondus, ce qui n'est pas acceptable pour le calculateur. Une régularisation est donc nécessaire pour traiter la dégénérescence.

5.3.1. Hexaèdres dégénérés

Dans le cas des hexaèdres créés par connecter un quadrilatère sur un horizon avec son image sur une faille, il pourrait avoir zéro, un, deux, trois ou quatre sommets du quadrilatère confondus avec leur image, ce qui résulte en un hexaèdre non dégénéré (Fig. 5-11), ou un hexaèdre dégénéré avec sept, six, cinq, ou quatre sommets distinctifs (Fig. 5-12-Fig. 5-14). Quoique certaines situations ne soient pas possibles comme celles montrées dans Fig. 5-13 (c), Fig. 5-13 (d), et Fig. 5-14. Ces situations ne se forment pas car selon notre méthodologie, une faille ne passe jamais par deux sommets à l'opposé dans un quadrilatère, ni par trois ou quatre sommets en même temps.

Pour un hexaèdre dégénéré avec sept sommets distinctifs montré dans Fig. 5-12 (a) et (b), la solution de régularisation est proposée dans Fig. 5-12 (c). L'élément est découpé en deux tétraèdres et quatre pyramides en connectant le centre de l'élément avec ses six faces. Pour le cas dans Fig. 5-13 (a) et (b), il faut juste remplacer l'élément par un prisme. Dans ces figures le quadrilatère formateur est dessiné en noir, son image en faille en rouge.

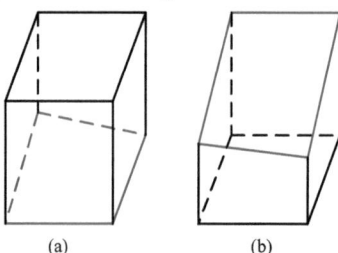

(a)   (b)

Fig. 5-11 : Hexaèdres non dégénérés (huit sommets distinctifs).

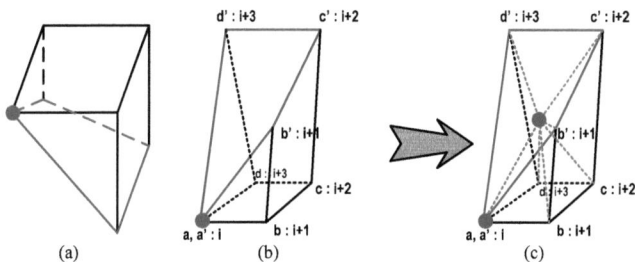

Fig. 5-12 : Hexaèdres dégénérés avec sept sommets distinctifs.

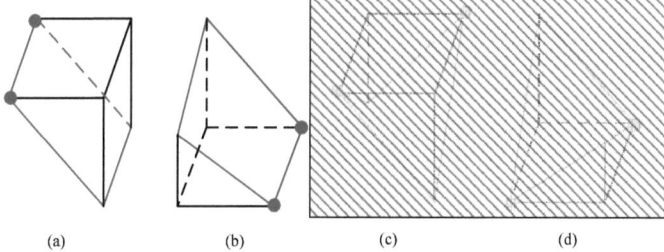

Fig. 5-13 : Hexaèdres dégénérés en prisme (six sommets distinctifs).

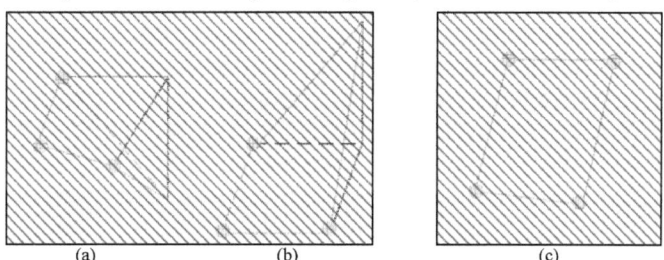

Fig. 5-14 : Cas de dégénérescence impossible (cinq ou quatre sommets distinctifs).

5.3.2. Prismes dégénérés

Dans le cas des prismes créés par connecter un triangle sur un horizon avec son image sur une faille, il pourrait avoir zéro, un, deux, trois sommets du triangle confondus avec leur image, ce qui résulte en un prime non dégénéré (Fig. 5-15), ou un prisme dégénéré avec cinq, quatre ou trois sommets distinctifs (Fig. 5-16, Fig. 5-17). Quoiqu'un prisme dégénéré avec trois sommets distinctifs ne se forme jamais car une faille ne peut jamais passer par trois sommets d'un triangle en même temps. La solution de régularisation est de remplacer le prisme par une pyramide ou un tétraèdre en fonction de son nombre de sommets distinctifs.

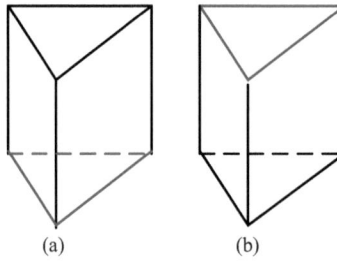

(a)   (b)

Fig. 5-15 : Prismes non dégénérés (six sommets distinctifs).

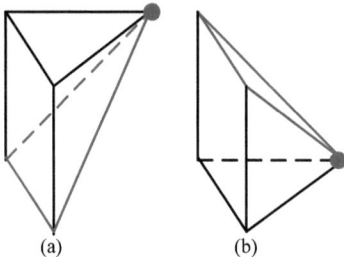

(a)   (b)

Fig. 5-16 : Prismes dégénérés en pyramide (cinq sommets distinctifs).

130

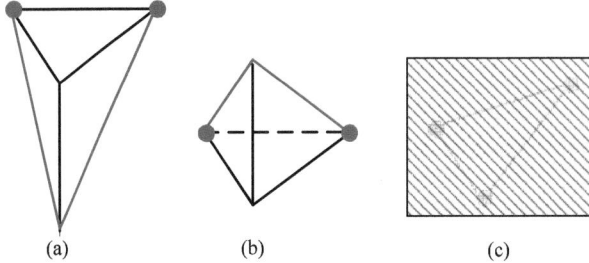

(a)   (b)   (c)

Fig. 5-17 : Prismes dégénérés en tétraèdre (a et b, quatre sommets distinctifs), et un cas impossible avec trois sommets distinctifs (c).

5.3.3. Prisme dégénéré en liant deux triangles avec un quadrilatère

Quand on relie deux triangles sur un horizon avec un quadrilatère sur un autre horizon par la génération des prismes, on remarque que ces prismes sont souvent dégénérés (voir Fig. 5-18). Cette dégénérescence est due au fait qu'on relie toujours les même nœuds (I, J). Il convient de détecter cette dégénérescence puis optimiser les éléments concernés.

La détection est réalisée par la façon suivante : pendant la création des éléments faillés, si l'élément créé est un prisme avec un sommet confondu, et si les deux éléments formateurs surfaciques sont respectivement un quadrilatère et deux triangles, on a détecté une dégénérescence potentielle et on l'ajoute dans la liste d'éléments à optimiser.

Concernant l'optimisation, deux parcours sont exécutés. Le premier travaille sur toute la liste d'éléments à optimiser, et il a pour but de remplacer le prisme par un tétraèdre, et d'enregistrer l'élément voisin qui est influencé par ce remplacement. Le deuxième parcours éclate chaque élément voisin enregistré en reliant son centre avec chacune de ses faces, dont une est divisée en deux triangles par une de ses diagonales calculée pendant le premier parcours.

Dans Fig. 5-18 (a) l'élément *abc-a'b'c'* est le prisme à optimiser qui a deux sommets *b, b'* confondus. Il est dégénéré en un pyramide ayant *acc'a'* en tant que base et *b/b'* en tant que pic. Les deux faces latérales *aa'b* et *a'c'b* se trouvent dans le même pseudo-plan formé par deux arêtes faillées *ab* et *a'c'*, et la base *acc'a'* est torsadée, ce qui n'est pas souhaitable. Dans Fig. 5-18 (b) une solution de régularisation est proposée. Supposons que les sommets superposés *b/b'* aient l'indice local "*i*", les indices locaux des autres nœuds de l'élément sont ainsi déterminés, de même pour les indices locaux des arêtes en haut et en bas. Le tétraèdre remplaçant est *abcc'*, formé à partir du triangle *abc* sur le même horizon que les sommets superposés *b/b'* ; le quatrième sommet est *c'*, le nœud avec (*i*+1) comme indice local dans le triangle sur l'autre horizon. L'élément voisin influencé est celui ayant la face *a'c'ca* en commun. Pour rester conforme à l'interface de cette face commune, cette dernière est découpée en deux triangles ; et l'élément voisin est splitté en reliant son centre avec chaque de ses faces.

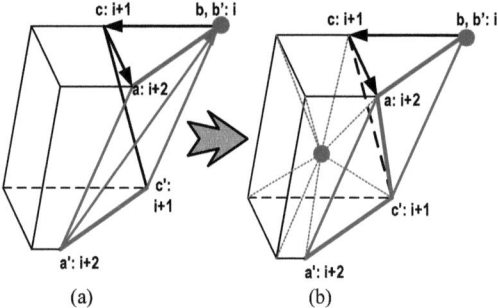

Fig. 5-18 : **Prisme dégénéré en liant deux triangles avec un quadrilatère.**

5.4. *Évaluation de qualité d'éléments*

Pour évaluer le maillage volumique généré, il convient de mettre en place des critères de qualité et vérifier ces critères sur les éléments du maillage, puis collectionner les caractéristiques statistiques correspondantes, parmi lesquelles les plus utilisées sont la qualité minimale, la qualité moyenne, et l'histogramme. Le maillage concerné par cette thèse est composé de quatre types d'éléments, qui sont les hexaèdres, les prismes, les pyramides, et les tétraèdres. Pour chaque type d'éléments, un critère de qualité est défini en correspondance, ce qui sera présenté un par un dans les paragraphes suivants.

Un tétraèdre est évalué par $Q = \beta \dfrac{\rho}{h}$, ρ est le rayon de sa sphère inscrite (voir Fig. 5-19),

$$\rho = \frac{(\overrightarrow{AB}, \overrightarrow{AC}, \overrightarrow{AD})}{\left\| \overrightarrow{AB} \times \overrightarrow{AC} + \overrightarrow{AB} \times \overrightarrow{AD} + \overrightarrow{AC} \times \overrightarrow{AD} + \overrightarrow{BC} \times \overrightarrow{BD} \right\|} \quad ; \text{ et}$$

h est la taille de l'élément représentée par la plus grande arête, i.e. : h = max (AB, BC, CA, AD, BD, CD). Le coefficient β est obtenu par calculer $\dfrac{\rho}{h}$ pour un tétraèdre régulier [25] d'unité, et en supposant que la qualité d'un tétraèdre régulier d'unité soit égale à 1. Ainsi, $\beta = \dfrac{h}{\rho} = \dfrac{1}{\rho}$. $\beta = 4.898979485566356$

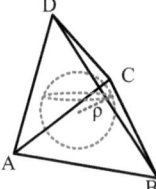

Fig. 5-19 : Évaluation de qualité pour un tétraèdre.

Tous les autres types d'éléments sont d'abord réduits en tétraèdres en réalisant une division, puis la formule $Q = \gamma \dfrac{\min(\rho)}{\max(h)}$ est appliquée pour évaluer leur qualité, dont h est la distance maximale entre deux sommets d'un tétraèdre obtenu par la division, ρ est le rayon de la sphère inscrite du même tétraèdre.

Pour une pyramide, elle est d'abord divisée en deux tétraèdres. Cette division peut être réalisée selon deux façons (voir Fig. 5-20) ; ainsi, 4 tétraèdres sont obtenus : *ABDE, BCDE, ABCE, CDAE*. Les ρ et les h

sont alors calculés pour chaque tétraèdre, le minimum de ρ et le maximum de h sont pris pour évaluer la qualité de la pyramide. Le coefficient γ est fixé en supposant que la qualité d'une pyramide carrée [26] d'unité soit égale à 1. $\gamma = 7.464101615137756$.

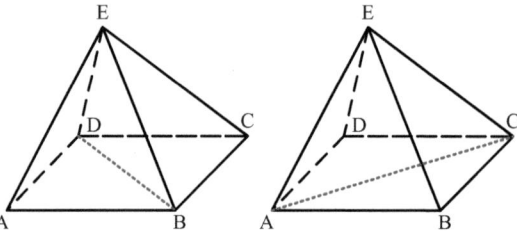

Fig. 5-20 : Division d'une pyramide selon deux façons.

Pour un prisme, il est divisé en trois tétraèdres selon six façons ; 12 tétraèdres sont ainsi obtenus : *AB'BC, AB'CC', AA'B'C', (AB'BC), AA'B'C, A'B'CC', (AA'B'C'), ABCC', AB'BC', AA'BC, A'BCC', A'B'BC', (AA'BC), A'B'BC, (A'B'CC'), (ABCC'), AA'BC', (A'B'BC')* (voir Fig. 5-21). Le coefficient γ est fixé en supposant que la qualité d'un prisme triangulaire droit [27] d'unité soit égale à 1. $\gamma = 7.586480122649477$.

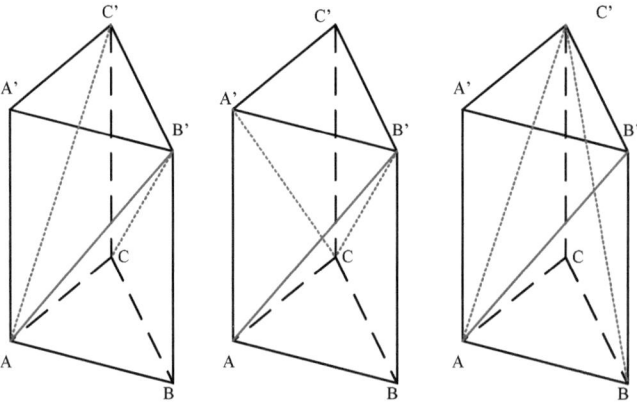

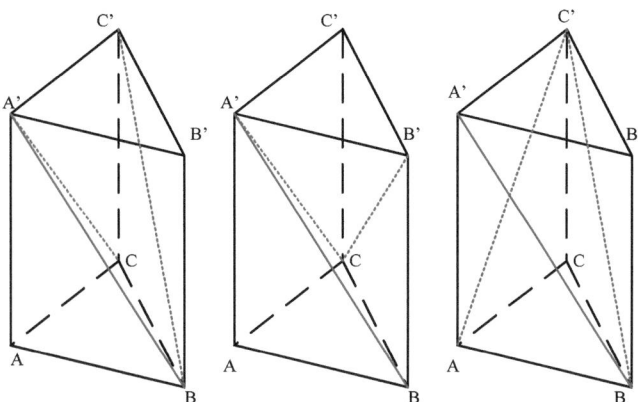

Fig. 5-21 : Division d'un prisme selon six façons.

Pour un hexaèdre : il est divisé en cinq tétraèdres selon deux façons ; 10 tétraèdres sont ainsi obtenus : $AB'CD'$, $AB'BC$, $B'C'CD'$, $ACD'D$, $AA'B'D'$, $A'C'BD$, $AA'BD$, $A'B'BC'$, $BC'CD$, $A'C'DD'$. Le coefficient γ est fixé en supposant que la qualité d'un hexaèdre d'unité soit égale à 1. $\gamma = 8.19615242270663$.

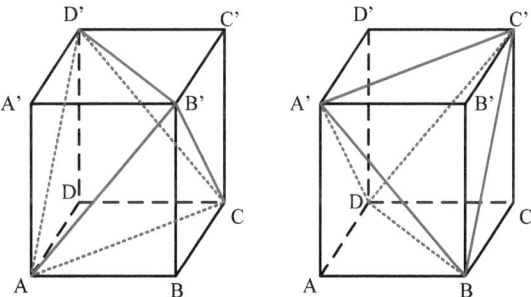

Fig. 5-22 : Division d'un hexaèdre selon deux façons.

Chapitre 6. Maillage dynamique

Ayant résolu les problématiques bidimensionnelles et tridimensionnelles dans les chapitres 4 et 5 respectivement, ce nouveau chapitre va introduire la quatrième dimension, le temps, pour aboutir à l'objectif final : la génération du maillage dynamique qui suit l'évolution géométrique du bassin. Le processus général est présenté dans la section 6.1 ; les deux façons de définition de chemin d'évolution des nœuds sont discutées dans la section 6.2 ; à la fin est détaillé dans la section 6.3 l'extrait des faces sur le top et le bottom du maillage, et sur les deux côtés de chaque faille.

6.1. Processus global de génération de maillage évolutif

Le processus global pour générer le maillage évolutif applique premièrement sur chaque horizon la méthode de "grille-contrainte" (voir chapitre 4) à l'instant géologique le plus récent pour obtenir un quadrillage bidimensionnel calé avec les failles. Puis les quadrillages sont reportés sur leurs horizons réels. Le processus itère ensuite de l'instant le plus ancien jusqu'à l'instant actuel et crée pour chaque instant un maillage volumique correspondant. Un schéma est dessiné dans Fig. 6-1 pour illustrer cette procédure.

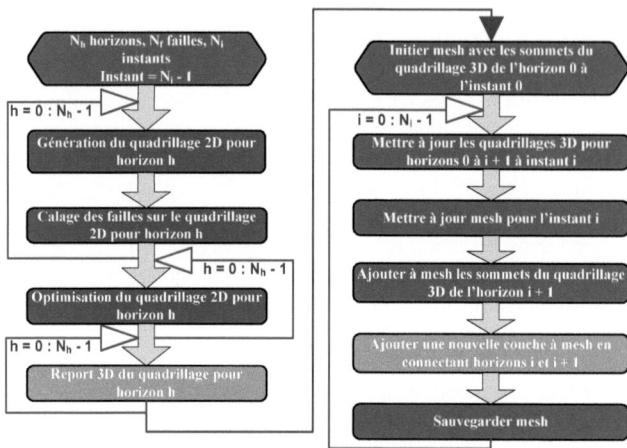

Fig. 6-1 : Processus global de génération de maillage évolutif.

Les structures de données suivantes sont employées pour enregistrer différents types de nœuds du maillage volumique :

- Un premier tableau pour stocker, pour le premier nœud de chaque quadrillage 3D, son index dans le maillage hexa-dominant, afin de pouvoir distinguer les nœuds provenant de différents horizons ;

- un deuxième tableau pour enregistrer l'index débutant des nœuds du maillage volumique situés au milieu d'une couche, résultant de la projection en faille d'un nœud sur l'un de deux horizons délimitant la couche ;

- Deux « map » pour chaque horizon, le premier associe à chaque cellule (I, J) du quadrillage 3D virtuellement splittée en quatre triangles, les indices des nœuds représentant leur centre dans le maillage volumique ; le deuxième associé à ces cellules (I, J) les failles passantes de leurs centres.

- Un troisième « map » pour associer à chaque nœud représentant le centre d'une cellule du maillage volumique, les sommets de la cellule avec lesquels le centre a été interpolé. La cellule correspondante est splittée pendant le processus de régularisation (voir §5.3.3).

L'étape de mise à jour du maillage volumique à un instant donné concerne le renouvellement des nœuds de maillage selon les informations stockées dans les structures ci-dessus. Les horizons présents à l'instant précédent sont d'abord parcourus pour recalculer les coordonnées des nœuds représentant les centres des cellules (I, J) surfaciques. Ensuite, couche par couche, les nœuds en faille situés au milieu de la couche sont réaffectés avec de nouvelles coordonnées en fonction de la nouvelle géométrie de la faille correspondante. En fin, les nœuds représentant le centre d'une cellule volumique avant son découpage sont interpolés de nouveau avec les nouvelles coordonnées de sommets interpolant.

6.2. Définition de chemin d'évolution des nœuds

Comme présenté dans le chapitre 1, une nouvelle couche correspond à un événement géologique de dépôt. Quoique l'événement soit représenté par un seul instant, ce dépôt ne se fait pas d'un coup ; au contraire, il se réalise d'une manière continue et prend souvent des millions d'années. Pour simuler les phénomènes physiques ou chimiques associés, le schéma numérique de modélisation de bassin définit certaines informations spécifiques à une nouvelle couche, ce qui est :

- un début de l'instant de dépôt ;
- une fin de l'instant de dépôt ;
- des états intermédiaires linéairement interpolés entre le début et la fin de l'instant de dépôt ;

Le début d'un instant correspond à la fin de l'instant précédent, et la fin d'un instant correspond au début de l'instant suivant. Pour une nouvelle couche, elle est considérée être déposée à partir de l'horizon au top de l'instant précédent. Par conséquent, au début de son instant de dépôt, une couche a une épaisseur nulle, qui atteint sa valeur maximale à la fin de l'instant. La série de maillages volumiques générée par le processus décrit dans la section précédente correspond à l'état terminal de chaque instant de dépôt, il faut donc pouvoir déduire leurs états initiaux. Cette déduction se fait sur les nœuds de maillage ; le travail revient à définir la position initiale de chaque nœud au top de la nouvelle couche. C'est ce qu'on appelle "la définition de chemin d'évolution des nœuds".

Voir Fig. 6-3. Pour un nœud au top de la nouvelle couche, il est soit sur l'horizon en haut (nœud a_{0_fin}, b_{1_fin}, c_{1_fin}), soit sur une faille qui entre dans la couche (nœud e_{1_fin}). Ce nœud est verticalement relié à un autre nœud, qui est soit sur l'horizon en bas (nœud a_{0_ini}, b_{1_ini}, e_{1_ini}), soit sur une faille (nœud d_{1_fin}). Aussi, il existe des nœuds qui se situent au milieu de la couche (nœud g_{fin} dans Fig. 6.3) et qui sont reliés aux nœuds sur l'horizon en bas.

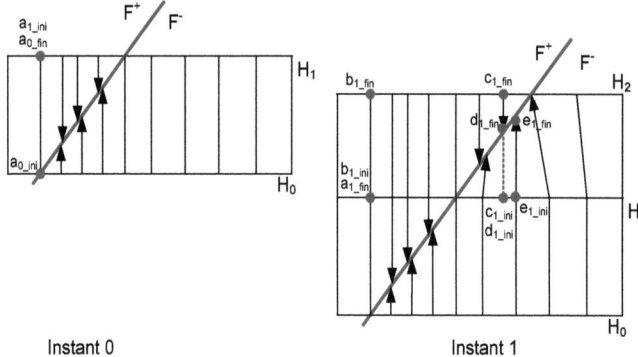

Fig. 6-2 : **Définition de chemin d'évolution des nœuds par shoot.**

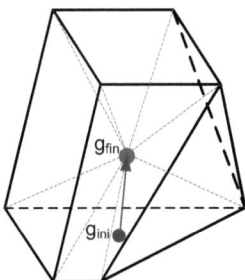

Fig. 6-3 : Définition de chemin d'évolution pour un nœud au milieu de la nouvelle couche.

Si un nœud au top de la nouvelle couche est relié à un autre nœud sur l'horizon en bas, ce dernier peut être considéré en tant que sa position initiale. Quand c'est le deuxième cas, c.-à.-d. quand un nœud au top de la nouvelle couche est relié à un autre nœud faillé situé au milieu de la couche, ce dernier n'existe pas encore au début de l'instant de dépôt ; par conséquent, il ne peut pas être utilisé en tant qu'une position initiale. Deux solutions sont proposées dans les sections suivantes pour résoudre ce problème de définition de chemin d'évolution.

6.2.1. Définition par shoot

Pour un nœud en haut d'une nouvelle couche, sa définition de chemin d'évolution est réalisée par shoot selon un de trois cas suivants :

- Si le nœud est relié à un autre nœud sur l'horizon en bas, ce dernier est défini en tant que sa position initiale. Par exemple, e_{1_ini} est pris en tant que position initiale de e_{1_fin} dans Fig. 6-2 ;
- Si le nœud est relié à lui-même ou à un autre nœud faillé au milieu de la couche, il est projeté sur l'extension de l'horizon en bas par rapport au côté de la faille correspondante. Le vecteur entre ces deux nœuds est pris en tant que direction de projection. Pour un nœud relié à lui-même, une direction voisine est choisie pour la projection. L'image est utilisée en tant que position initiale pour ce

couple de nœuds reliés. Par exemple, c_{1_ini} (d_{1_ini}) est l'image projetée de c_{1_fin} (et d_{1_fin}) sur l'horizon H_0, étendu du côté « + » de la faille F.

- Si le nœud se situe au milieu de la couche comme montré dans Fig. 6-3, sa position initiale est définie en tant que la moyenne de ses nœuds reliant sur l'horizon en bas.

L'extension d'un horizon par rapport à un côté donné d'une faille est obtenue de la façon suivante (Fig. 6-4) :

- récupérer la courbe de la faille du côté donnée sur la triangulation 3D du horizon ;
- calculer la normale n de chaque extrémité de la courbe faille ;
- calculer la boite englobante de l'horizon 3D ;
- prolonger les deux segments en extrémité de la courbe faille jusqu'à la boite englobante ;
- projeter sur la boite englobante chaque extrémité de la courbe faille suivant le vecteur perpendiculaire à la normale n et au segment faille p incident à l'extrémité ;
- appliquer la formule de *Coons* et générer un quadrillage à partir de quatre courbes, dont la courbe faille (prolongée), celle constituée par une extrémité faille et son image sur la boite englobante, un segment reliant deux images projetées, un dernier segment reliant l'autre extrémité avec son image ;
- générer une triangulation en splittant chaque quadrilatère en deux triangles.

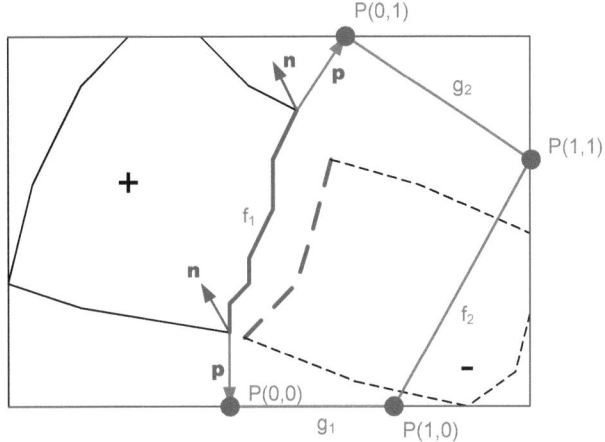

Fig. 6-4 : Étendre d'un horion selon un côté donné d'une faille.

La définition de chemin d'évolution par shoot permet d'interpoler les états intermédiaires d'une manière satisfaisante quand l'horizon en bas ne bouge pas durant le dépôt. Pourtant, un événement de dépôt est

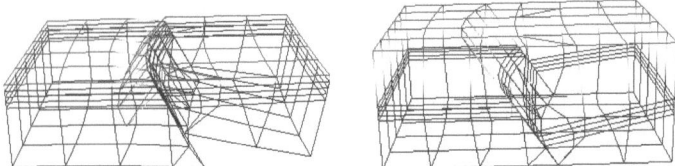

souvent accompagné d'une subsidence en réalité. Dans ce cas, la définition « en dur » des positions initiales sur l'extension de l'horizon en bas à la fin de l'instant de dépôt résulte en un croisement de deux blocs à deux côtés d'une faille pendant l'interpolation des états intermédiaires (voir Fig. 6-5 gauche). Ceci constitue ainsi un grand défaut de cette méthode.

Fig. 6-5 : Croisement de blocs au début de l'instant de dépôt (gauche) ; état final à droite.

6.2.2. Définition selon les piliers de faille

Pour éviter le problème éventuel de définition en « dur » des positions initiales des nœuds au top d'une nouvelle couche, une autre façon de faire est de ne référencer que les nœuds sur l'horizon en bas pour définir la position initiale d'un nœud. Cette façon est basée sur les nœuds piliers de faille, elle se déroule selon un de trois cas suivants :

- pour chaque nœud au top de la nouvelle couche relié à un autre nœud en faille, définir le nœud pilier de la faille correspondant en tant que sa position initiale. Ainsi, c_{1_ini} (d_{1_ini}) est défini en tant que position initiale de c_{1_fin} (Fig. 6.6);

- pour chaque nouveau nœud en faille, définir le nœud pilier de la faille correspondant en tant que sa position initiale. Le nœud connectant sur l'horizon en bas n'a pas été pris, car les deux côtés de la faille ne sont pas collés dans ce cas-là durant le processus de dépôt. Ainsi, d_{1_ini} (c_{1_ini}) est défini en tant que position initiale de d_{1_fin} ; de la même manière est défini le chemin d'évolution de e_{1_ini}, le pilier de faille à l'autre côté, vers e_{1_fin} (Fig. 6-6) ;

- pour un nœud non faillé situé au milieu de la nouvelle couche, définir un des nœuds connectant sur l'horizon en bas en tant que sa position initiale. Ainsi, dans Fig. 6-7, g_{1_ini} est défini en tant que position initiale de g_{1_fin}.

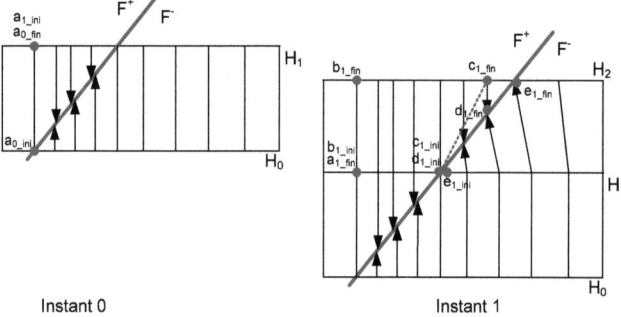

Fig. 6-6 : Définition de chemin d'évolution des nœuds selon les piliers de faille.

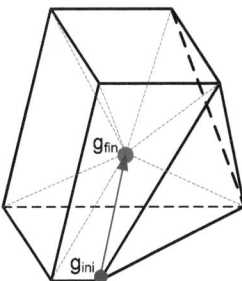

Fig. 6-7 : Nœud non faillé au milieu de la nouvelle couche.

Le pilier d'une faille désigne ici les deux traces de la faille sur l'horizon en bas d'une couche. Le nœud pilier qui correspond à un nœud au top d'une nouvelle couche est à choisir parmi les nœuds constituant la trace de faille au même côté que le nœud au top de la nouvelle couche. Ce choix est fait se basant sur la stratégie du « plus court chemin » entre les nœuds piliers de la faille et le nœud au top de la nouvelle couche (Fig. 6-8). Un chemin entre deux nœuds (I, J) et (I_i, J_i) est défini par $|I-I_i| + |J-J_i|$. Pour un nœud en faille au milieu de la couche, ses coordonnées (I, J) sont les mêmes que son nœud connectant.

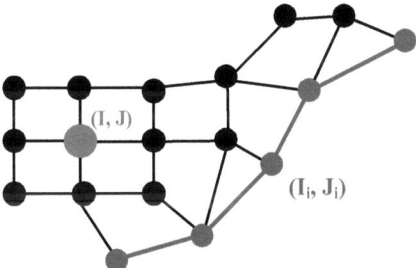

Fig. 6-8 : Chemin entre deux nœuds.

La définition de chemin d'évolution selon les piliers de faille est la solution retenue au final. La structure de données concernée est un

« map » qui associé le nœud représentant la position initiale à celui représentant sa position finale. Ce « map » est mis à jour avec le couplage des nœuds en haut et en bas d'une cellule normale (non faillée) pendant sa création ; il est ensuite complété par ajout des couples (nœud au top de la nouvelle couche, nœud pilier de faille) pendant la construction des cellules faillées ; en fin, l'étape de régularisation d'éléments volumiques (section 5.3.3) forme des fois des nœuds non faillés au milieu de la couche, dont le chemin d'évolution est également renseigné dans le « map ».

6.3. Extrait des faces critiques

Le simulateur de bassin a besoin de connaître les faces critiques du maillage volumique à chaque instant. Ces faces critiques ont différentes caractéristiques et elles constituent des contraintes pour le calcul. Trois types de faces sont considérés critiques :

- le bottom du maillage volumique ;
- le toit du maillage volumique ;
- les deux côtés d'une faille au sein du maillage volumique.

Les faces en bottom et en toit du maillage volumique sont aussi sur les horizons. Elles sont groupées dans une structure qui enregistre les informations suivantes pour chaque face :

- Le numéro d'horizon ;
- Le type de face : triangle ou quadrilatère ;
- Le tableau de sommets.

Une autre structure est utilisée pour stocker les faces en faille. Chaque face faille est liée aux informations suivantes :

- Le numéro de faille ;
- Le numéro de couche ;
- Le côté de faille ;
- Le type de face : triangle ou quadrilatère ;
- Le tableau de sommets.

Les deux structures ci-dessus sont remplies pendant l'ajout d'une nouvelle couche au maillage volumique aux différents instants. Au sein de ce processus d'ajout de couche, pendant le premier parcours qui détecte les configurations problématiques et construit les cellules volumiques normales (voir §5.2.2), les faces en top et en bottom de chaque cellule sont directement récupérées en tant que faces en bottom ou en toit du maillage volumique. Dans ce même parcours, les faces faille sur une cellule normale sont aussi extraites immédiatement. Ensuite, après le traitement des configurations problématiques et la régularisation des cellules, les faces faille sont repérées et enregistrées pour ces cellules faillées.

Après qu'un maillage volumique qui correspond à chaque instant géologique est obtenu avec les chemins d'évolution de nouveaux nœuds définis et les faces critiques extraites, il est sauvegardé par un export en fichiers du format *Arcane* (voir §3.4). Ces fichiers sont alors repris par les numériciens qui associent des propriétés physico-chimiques au maillage évolutif et effectuent des simulations d'écoulement des fluides sur le maillage dynamique dans le but de reconstruire le système pétrolier du bassin.

Chapitre 7. Applications numériques

Dans ce chapitre les résultats numériques relatifs à la méthode de "grille-contrainte" sont exposés premièrement. Un modèle statique comprenant quatre horizons et deux failles est ensuite traité étape par étape. En fin, deux maillages évolutif avec une faille simple et des failles multiples respectivement, générés selon notre méthodologie, sont illustrés instant par instant avec la propriété "pression", obtenue de la simulation de bassin sur ces maillages.

7.1. Résultats de la méthode de "grille-contrainte"

La méthode de "grille-contrainte" regroupe les étapes traitant les problèmes bidimensionnels : la génération du quadrillage pour un horizon ; le calage des traces des failles sur le quadrillage ; et l'optimisation du quadrillage. Fig. 7-1 montre un quadrillage 2D de dimension 31x20 généré selon notre méthode ; deux failles dessinées en bleu, une représentée par une droite, une autre par un demi-cercle, sont présentes pour être calées au quadrillage. Fig. 7-2 et Fig. 7-4 illustrent les résultats après avoir calé la droite et le demi-cercle en tant qu'une faille unique sur le quadrillage respectivement. Fig. 7-6 montre le résultat de calage en prenant en compte toutes les deux failles. Les quadrillages optimisés après le calage sont montrés dans Fig. 7-3, Fig. 7-5 et Fig. 7-6. On peut remarquer qu'après le calage, certaines quadrilatères ont été déformés pour suivre la forme des failles, que ce soit une droite ou un demi-cercle. Ainsi, les failles coïncident complètement avec les arêtes ou les diagonales des quadrilatères.

7.1. Résultats de la méthode de "grille-contrainte"

La qualité du quadrillage durant sa génération, son calage avec les failles, et son optimisation est résumée dans le tableau ci-dessous. On peut remarquer qu'en général, le calage détériore la qualité de quadrillage ; certains éléments peuvent être très déformés, ce qui résulte en une qualité minimale proche de zéro. En revanche, le processus d'optimisation a pu rectifier les éléments d'une mauvaise qualité, et augmenter la qualité moyenne du quadrillage.

Tableau 1. Qualité de quadrillage.

	Qualité minimale	Qualité moyenne
Avant calage	0.735	0.891
Après calage de la faille droite	0.082	0.870
Après optimisation suite au calage de la faille droite	0.386	0.878
Après calage de la faille courbe	0.113	0.865
Après optimisation suite au calage de la faille courbe	0.307	0.872
Après le calage de deux failles droite et courbe	0.082	0.845
Après optimisation suite au calage de deux failles	0.284	0.852

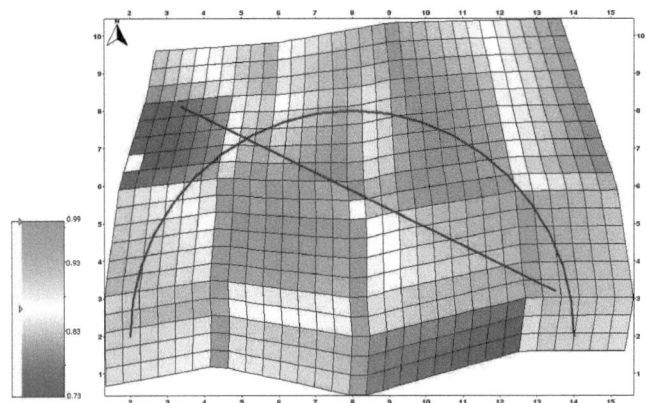

Fig. 7-1 : Un quadrillage 2D généré selon notre méthode. Deux failles à caler.

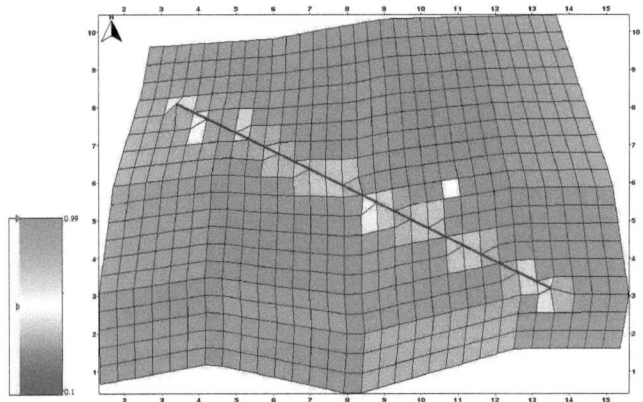

Fig. 7-2 : Calage du quadrillage avec la faille unique en forme de droite.

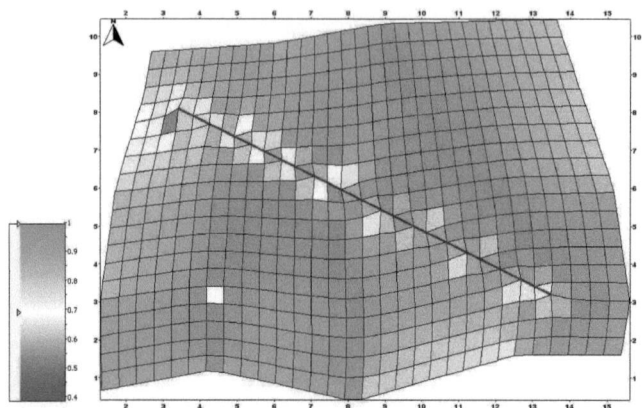

Fig. 7-3 : Quadrillage optimisé après le calage de la faille droite.

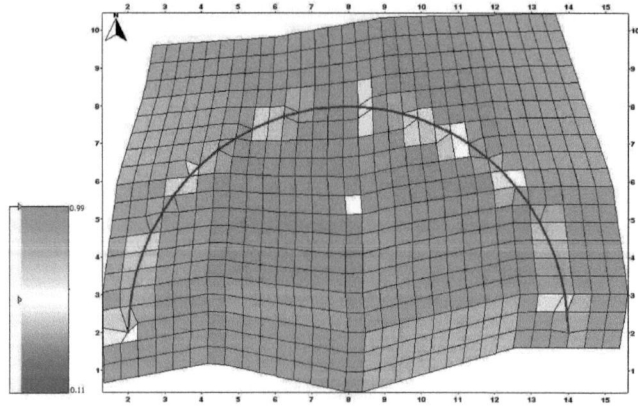

Fig. 7-4 : Calage du quadrillage avec la faille unique en forme de demi-cercle.

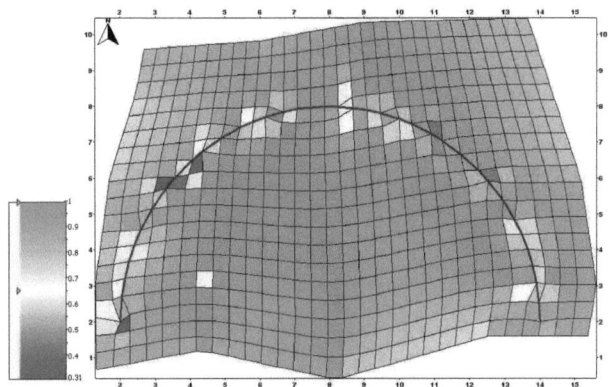

Fig. 7-5 : Quadrillage optimisé après calage de la faille courbe.

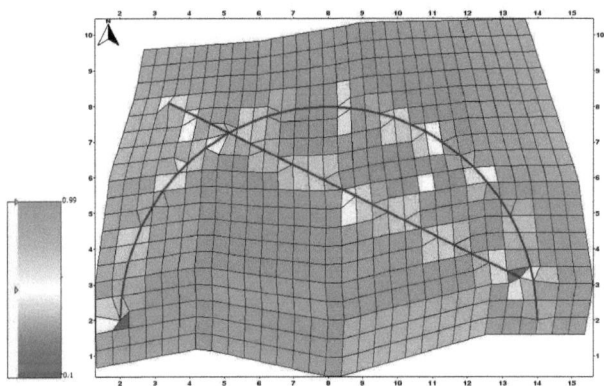

Fig. 7-6 : Calage de toutes les deux failles.

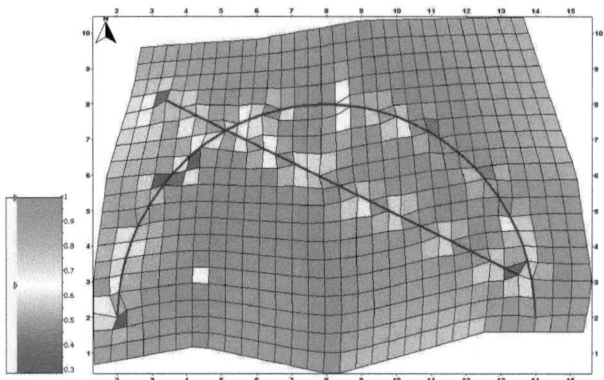

Fig. 7-7 : Quadrillage optimisé après calage de deux failles.

Une application plus complexe est illustrée dans Fig. 7-9-Fig. 7-12. Deux horizons se présentent et chacun a sept failles. Le quadrillage généré pour le premier horizon a 25 colonnes et 20 lignes initialement. Cette dimension n'a pas été changée après avoir épousé les sept failles. Pourtant, un raffinement a été nécessaire pendant le calage des failles pour le deuxième horizon. Par conséquent, la dimension de quadrillage est devenue 51x34 pour les deux horizons.

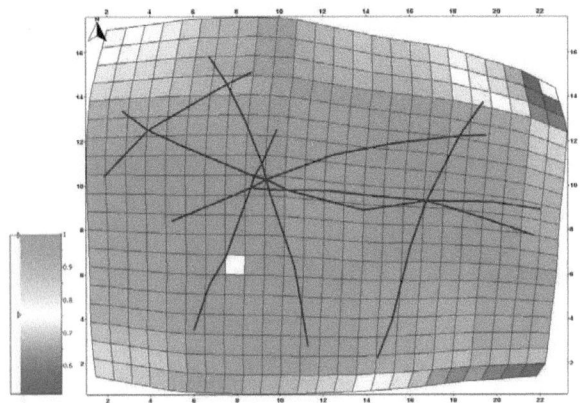

Fig. 7-8 : Quadrillage et 7 failles à caler sur le 1er horizon.

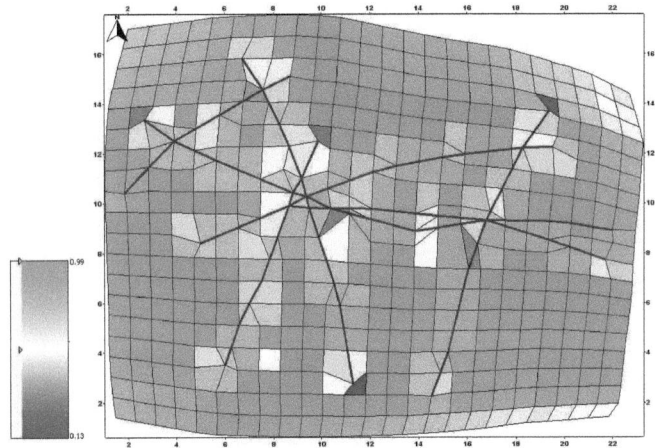

Fig. 7-9 : Quadrillage modifié après le calage de 7 failles pour le 1er horizon.

7.1. Résultats de la méthode de "grille-contrainte"

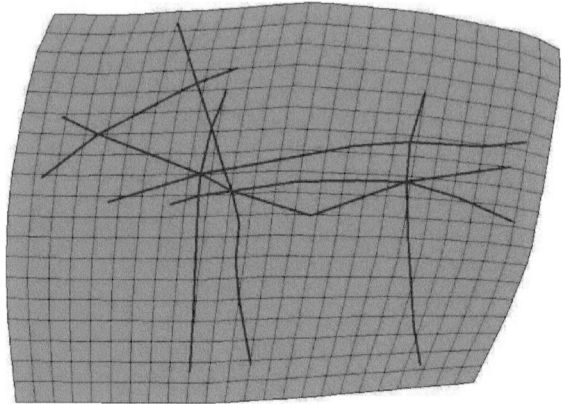

Fig. 7-10 : Quadrillage et 7 failles à caler sur le 2ième horizon.

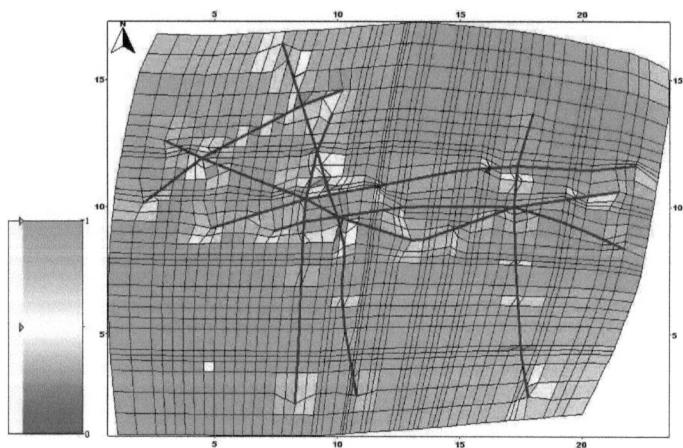

Fig. 7-11 : Quadrillage raffiné après le calage de 7 failles sur le 2ième horizon.

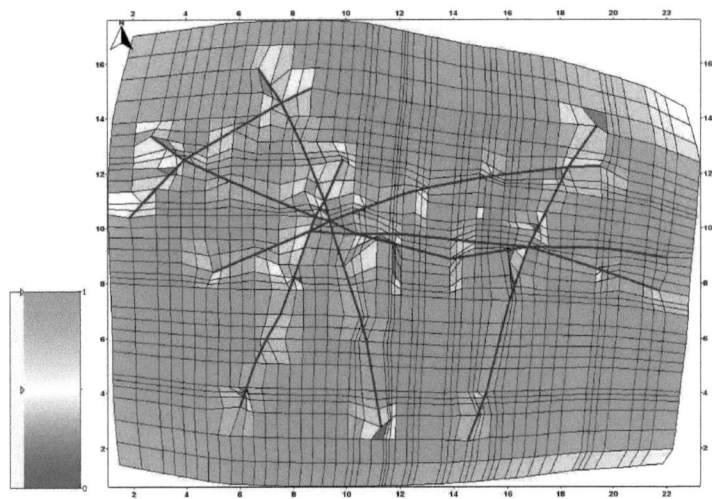

Fig. 7-12 : Quadrillage raffiné sur le 1er horizon.

7.2. Génération de maillage pour un modèle statique

Notre méthode a été appliquée sur un modèle de bassin statique (à l'état actuel), dans lequel quatre horizons sont coupés par deux failles, dont l'une s'arrête sur l'autre sur les deux horizons en bas. Les surfaces horizons et failles sont présentées dans Fig. 7-13. Fig. 7-14 montre la triangulation originale de l'horizon au top, pour lequel le résultat de différentes étapes est illustré dans les figures suivantes.

Le maillage généré pour un tel modèle est utile pour la modélisation de l'histoire d'enfouissement de sédiments, dans lequel il sert comme maillage de départ pour la restauration structurale. Notre méthodologie est également applicable pour d'autres contextes statiques similaires. Par exemple, les réservoirs ou les sites souterrains de stockage de CO_2 sont aussi des formations géologiques manifestant une structure en couches fracturées par des failles, quoique dans une échelle beaucoup plus petite. Notre méthode est capable de générer des maillages hexa-dominants conformes à leur géométrie complexe, prêts à utiliser dans les simulations d'écoulement dans ces milieux.

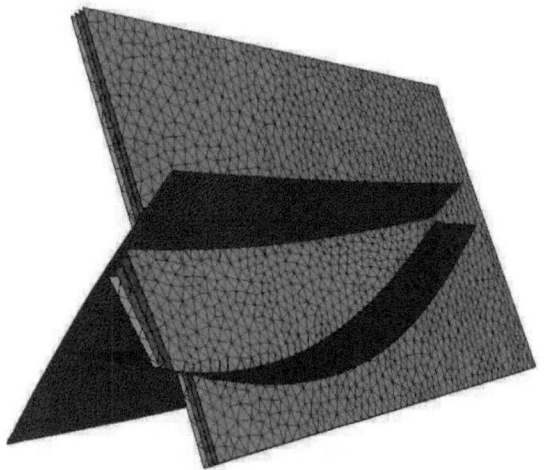

Fig. 7-13 : Un modèle de bassin composé de 4 horizons et 2 failles.

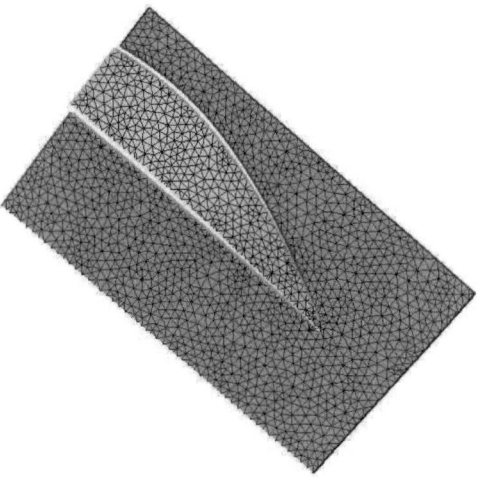

Fig. 7-14 : Triangulation 3D pour l'horizon au top.

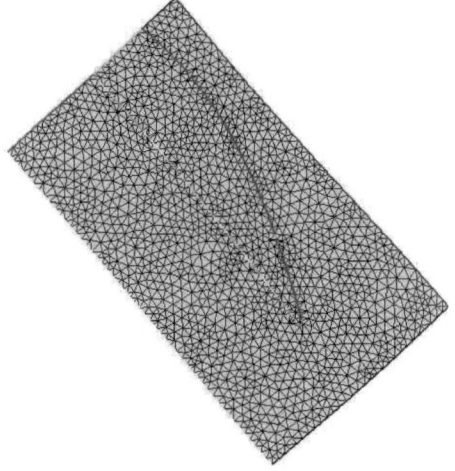

Fig. 7-15 : Triangulation dépliée.

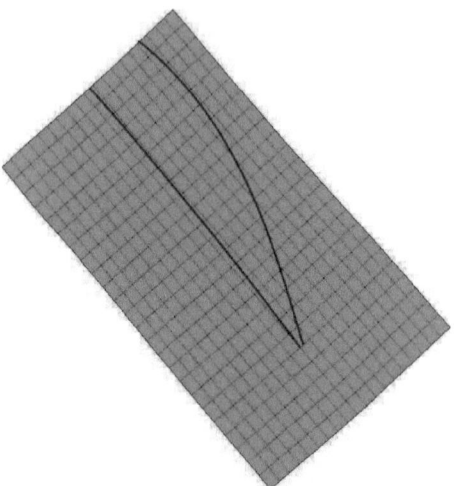

Fig. 7-16 : Quadrillage généré.

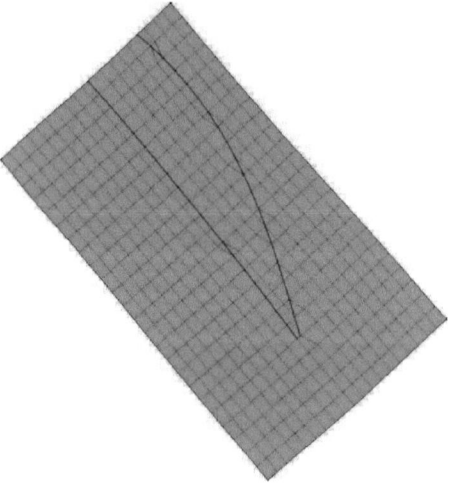

Fig. 7-17 : Quadrillage calé avec deux failles.

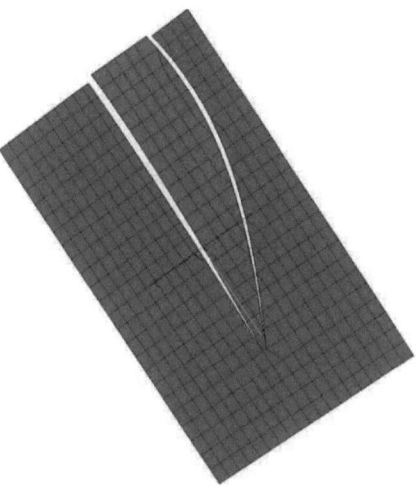

Fig. 7-18 : Quadrillage reporté sur l'horizon original 3D.

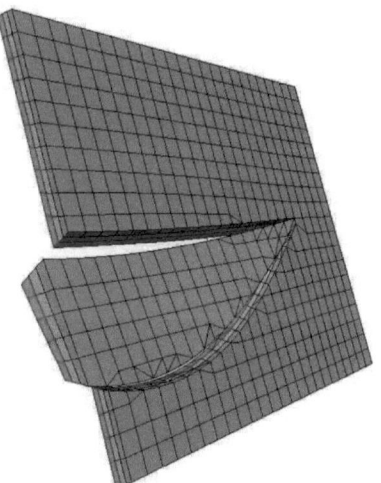

Fig. 7-19 : Maillage hexa-dominant généré.

7.3. Maillage pour un modèle de bassin évolutif (faille simple)

Notre méthodologie complète de génération de maillage évolutif pour la modélisation de bassin en zones à géométrie complexe a été appliquée sur plusieurs modèles. Des maillages de qualité suffisante sont obtenus. Des simulations numériques ont été réalisées sur ces maillages ; les résultats s'avèrent significatifs.

A titre illustratif, nous allons montrer par la suite la série de maillages générés pour un modèle de bassin qui s'évolue dans cinq instants géologiques en présence d'une faille. Pour le premier instant, deux horizons et une faille sont présents. Un nouvel horizon apparait pour chaque instant ultérieur. Fig. 7-22-Fig. 7-29 présentent instant par instant la structure du modèle et le maillage correspondant, illustré avec la propriété "pression", calculée par la simulation numérique réalisée par le logiciel de modélisation de bassin "*ArcTem*".

Tableau 2 donne un bilan sur la qualité des maillages générés. 80% d'hexaèdres sont obtenus, et la qualité moyenne des éléments est satisfaisante, compte tenu des couches très aplaties.

Tableau 2. Maillage pour un modèle de basin évolutif (faille simple).

	Nb. sommets	Nb. mailles	Qualité minimale	Qualité moyenne	mailles faillées	Nb. tétra.	Nb. pyramides	Nb. prismes	Nb. hexa.
Inst.0	1095	555	0.082	0.459	90	21	28	69	437
Inst.1	1627	1104	0.082	0.576	16	69	70	99	866
Inst.2	2157	1640	0.082	0.615	12	109	105	129	1297
Inst.3	2687	2179	0.088	0.634	18	149	140	165	1725
Inst.4	3330	2767	0.007	0.572	156	170	168	234	2195

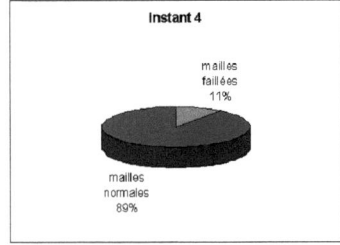

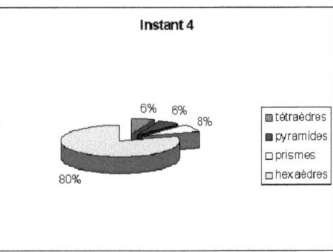

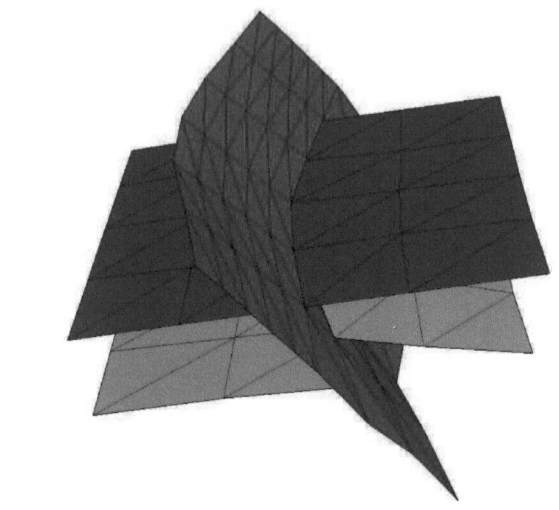

Fig. 7-20 : Structure de bassin pour l'instant 0.

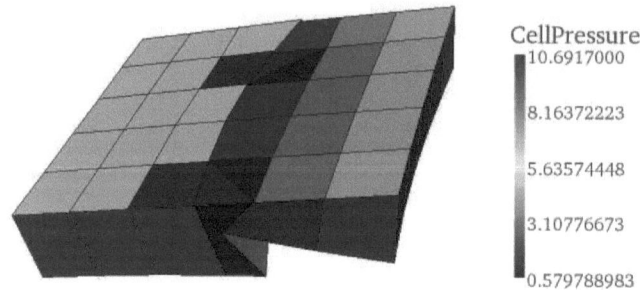

Fig. 7-21 : Maillage généré pour l'instant 0.

Fig. 7-22 : Structure de bassin pour l'instant 1.

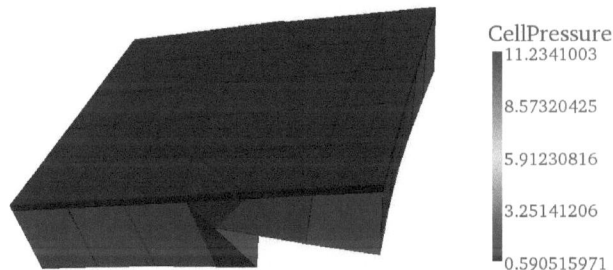

CellPressure
11.2341003

8.57320425

5.91230816

3.25141206

0.590515971

Fig. 7-23 : Maillage généré pour l'instant 1.

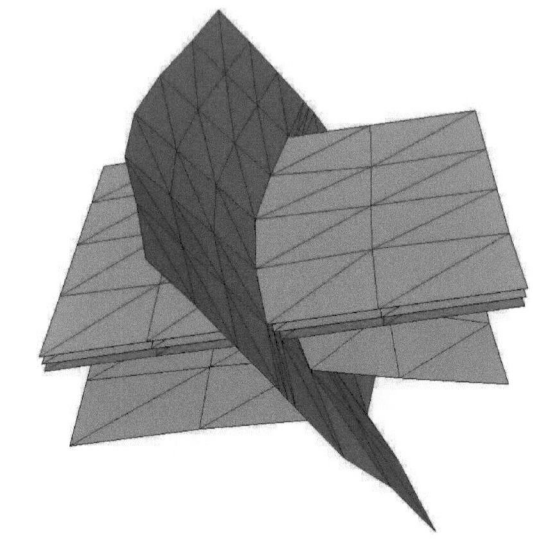

Fig. 7-24 : Structure de bassin pour l'instant 2.

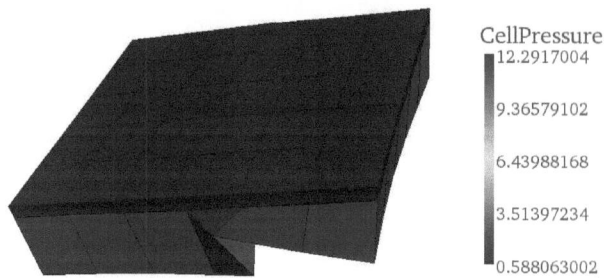

Fig. 7-25 : Maillage généré pour l'instant 2.

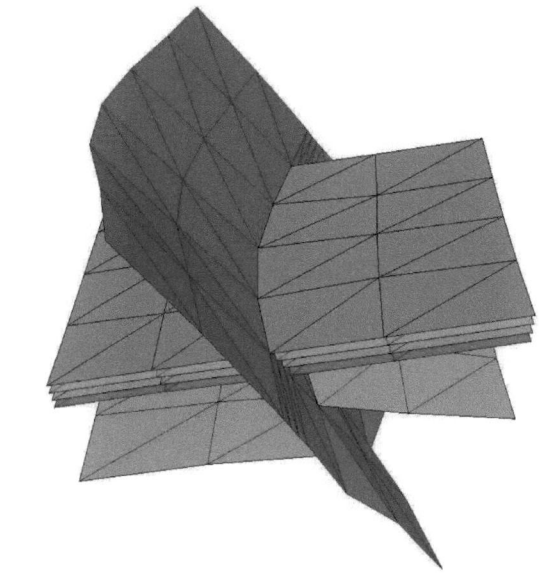

Fig. 7-26 : Structure de bassin pour l'instant 3.

CellPressure
13.4763002

10.2539634

7.03162661

3.80928980

0.586952984

Fig. 7-27 : Maillage généré pour l'instant 3.

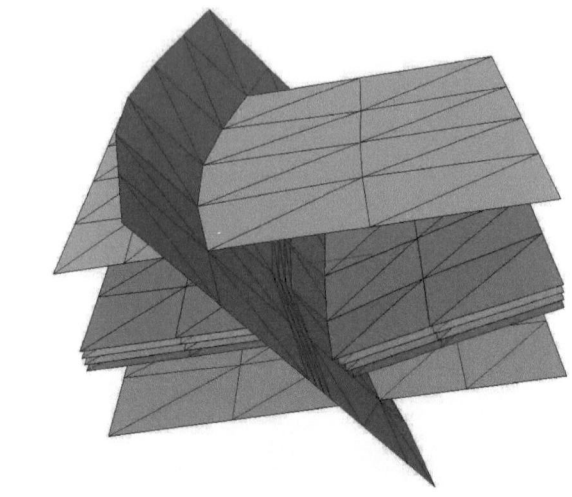

Fig. 7-28 : Structure de bassin pour l'instant 4.

Fig. 7-29 : Maillage généré pour l'instant 4.

7.4. Maillage pour un modèle de bassin évolutif (failles multiples)

Des modèles de bassin évolutif avec des failles multiples ont été également traités en appliquant notre méthodologie. Le traitement d'un tel modèle est présenté ici étape par étape via Fig. 7-30-Fig. 7-40.

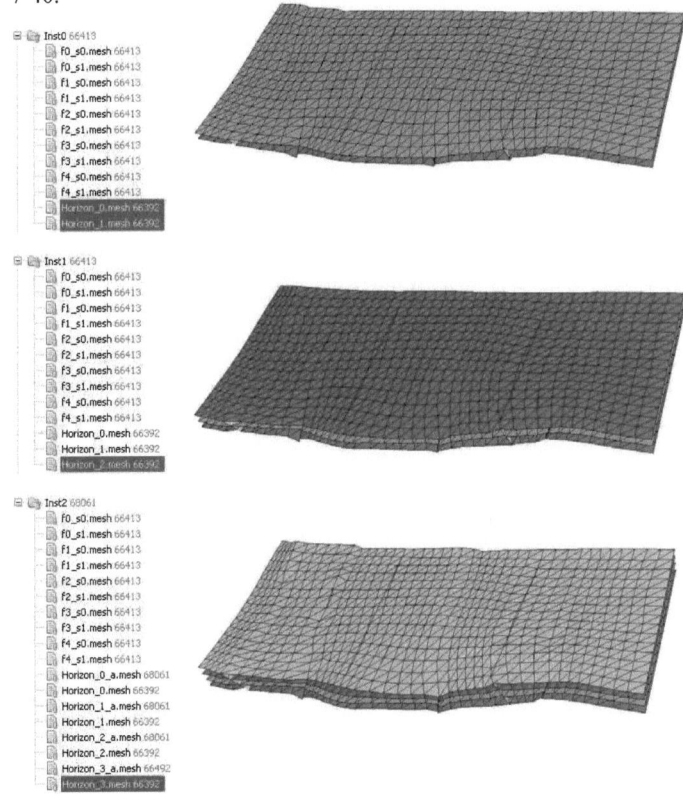

Fig. 7-30 : Un modèle de bassin évolu dans 3 instants avec 4 failles.

7.4. Maillage pour un modèle de bassin évolutif (failles multiples)

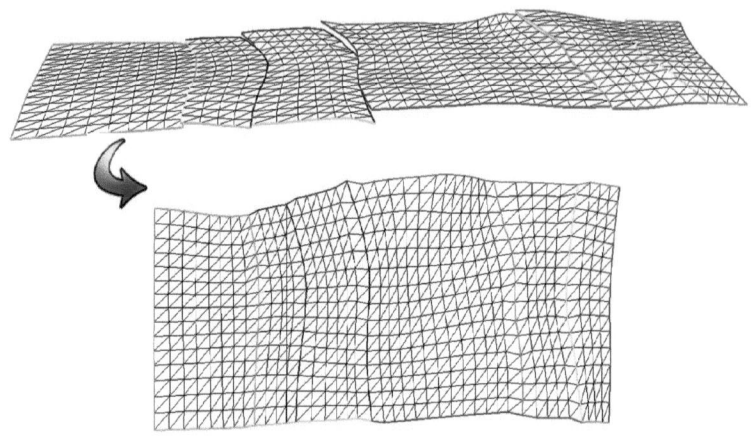

Fig. 7-31 : Dépliage des horizons (H1)

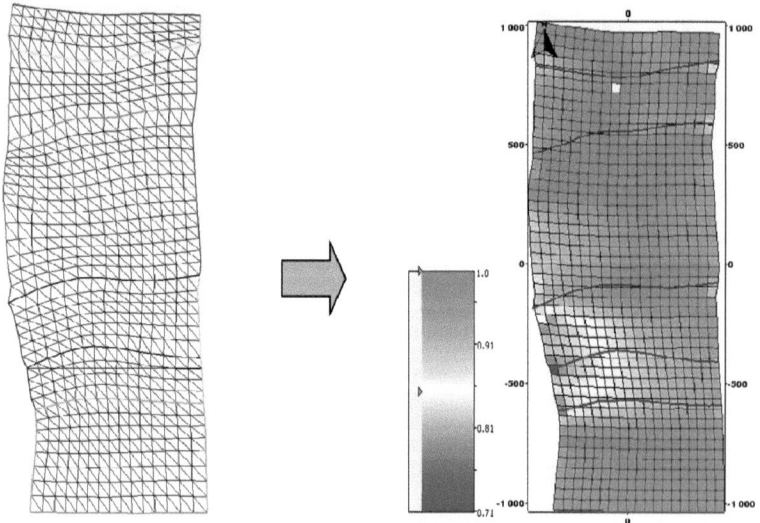

Fig. 7-32 : Génération de quadrillage (H1, 48 x 20)

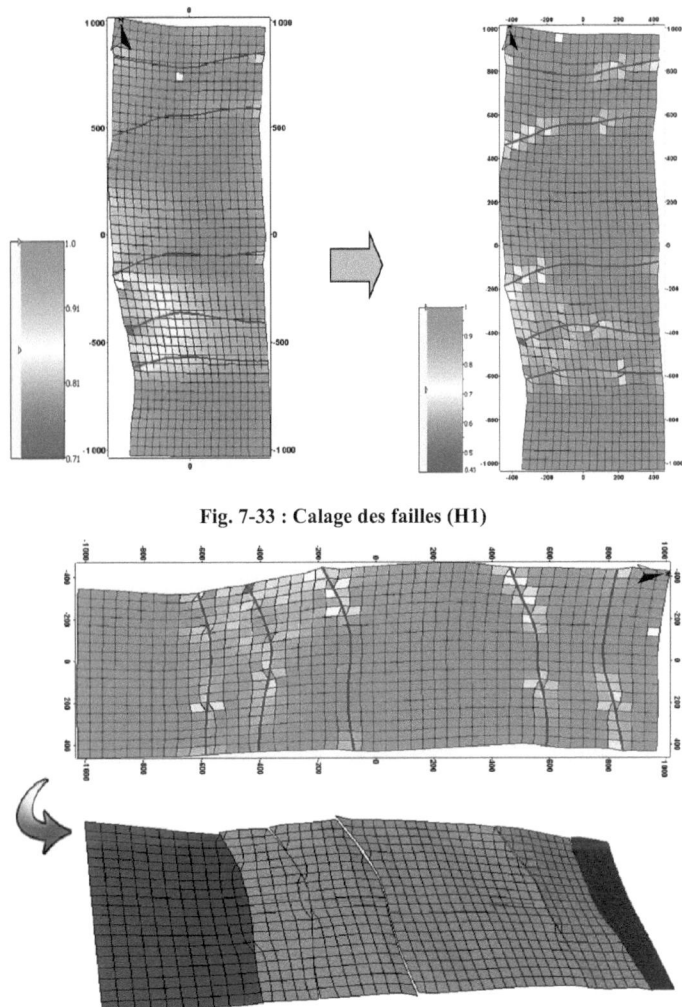

Fig. 7-33 : Calage des failles (H1)

Fig. 7-34 : Report du quadrillage (H1)

7.4. Maillage pour un modèle de bassin évolutif (failles multiples)

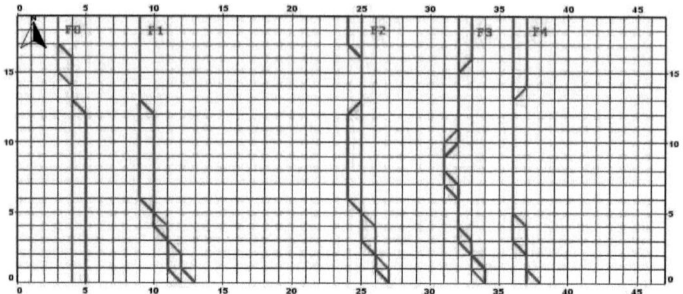

Fig. 7-35 : Zone faillée (couche 0)

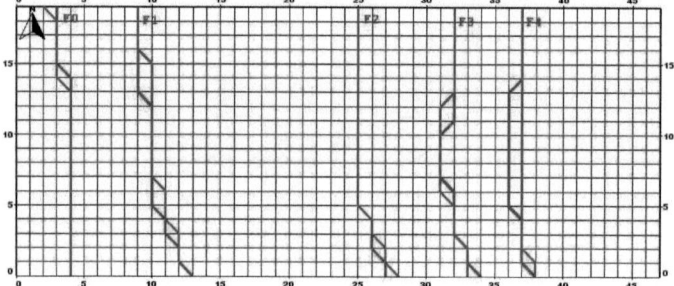

Fig. 7-36 : Zone faillée (couche 1)

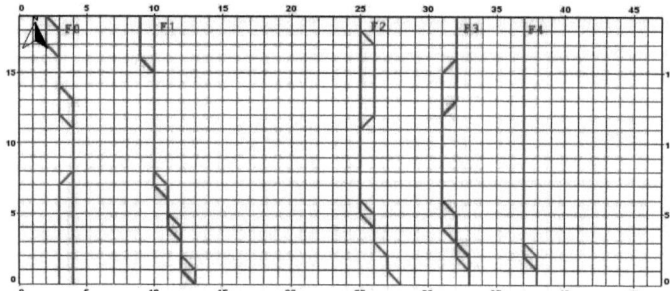

Fig. 7-37 : Zone faillée (couche 2)

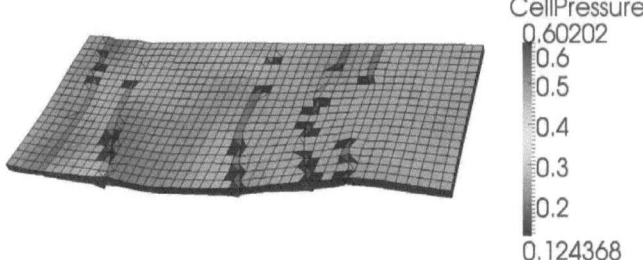

Fig. 7-38 : Résultats de simulation sur le maillage généré (instant 0)

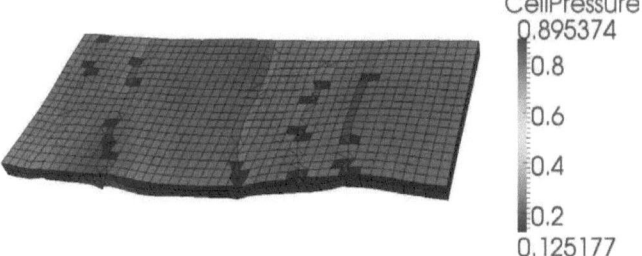

Fig. 7-39 : Résultats de simulation sur le maillage généré (instant 1)

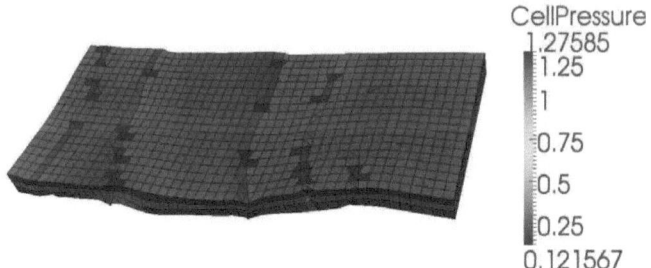

Fig. 7-40 : Résultats de simulation sur le maillage généré (instant 2)

7.4. Maillage pour un modèle de bassin évolutif (failles multiples)

Tableau 3. Statistique en maillage évolutif généré (failles multiples)

	Nb. sommets	Nb. mailles	Qualité minimale	Qualité moyenne	mailles faillées	Nb. tétra	Nb. pyramides	Nb. prismes	Nb. hexa
Inst0	2176	1313	0.093	0.738	136	244	171	115	783
Inst1	3278	2519	0.070	0.746	202	420	306	199	1594
Inst2	4386	3766	0.072	0.747	290	626	453	290	2397

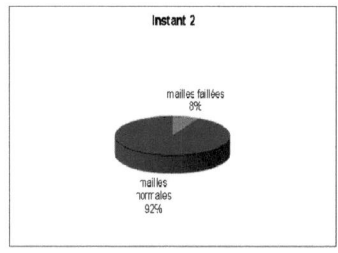 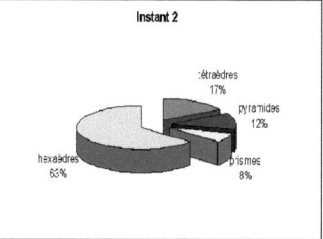

Le tableau 3 ci-dessus présente un résumé sur la qualité du maillage généré. La qualité moyenne est plus élevèe que celle du maillage généré pour le modèle précédent avec la faille simple, car les couches ici sont moins aplaties. Par contre, le pourcentage des hexaèdres est moins important ici, en raison de la présence des failles multiples.

A titre comparatif, Fig. 7-41 montre le maillage généré par gOcad pour le même modèle de bassin. On voit qu'à l'approche des failles, les mailles sont très déformées.

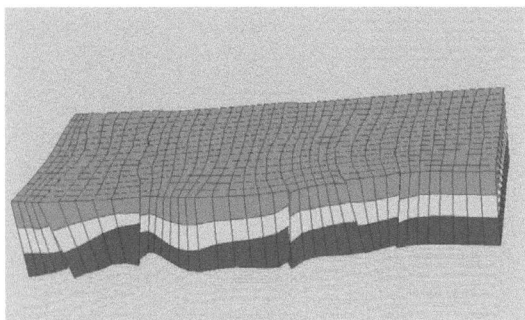

Fig. 7-41 : Maillage généré par gOcad

Conclusion et perspectives

Conclusion

Nous avons exposé dans les chapitres précédents notre méthodologie complète de génération de maillage évolutif pour la modélisation de bassin en zones à géométrie complexe. Notre approche est totalement automatique, au contraire de la plupart des mailleurs utilisés dans le domaine de l'exploration pétrolière. La méthode permet le traitement des failles d'une manière propre dans un contexte complètement tridimensionnel, ce qui était une difficulté majeur depuis l'émergence de la modélisation de bassins. Ayant été développée pour travailler avec les méthodes des volumes finis, cette méthodologie est aussi applicable aux méthodes des éléments finis, car tous les éléments de maillage sont des hexaèdres, des prismes, des pyramides, ou des tétraèdres. La qualité moyenne du maillage généré est satisfaisante pour réaliser des simulations avec des résultats significatifs.

Un travail de prétraitement a été réalisé par M. Brahim YAHIAOUI dans le but de reconstruire les surfaces failles à partir de leurs traces sur différents horizons. Ce travail n'est pas présenté ici : il fait l'objet du rapport de stage de M. Brahim YAHIAOUI [45]. Ce prétraitement est nécessaire car attendue en entrée, la définition des failles est pourtant souvent absente dans les modèles de bassin.

Étant une surface virtuelle, une faille peut être représentée par une triangulation ou deux superposées. La représentation par une seule triangulation ne pose pas de problème pour générer des maillages pour les modèles statiques ; cependant, quand le modèle s'évolue avec le temps, les deux blocs à chaque côté de la faille manifestent des déplacements relatifs non seulement entre eux, mais aussi par rapport à la surface faille. Tous les mailles en zone faillée doivent donc être régénérées en ré-projetant chaque nœud en horizon sur la surface faille, suivant une direction définie par deux nœuds connectant sur deux horizons à la proximité de la zone faillée. C'est donc une approche assez lourde.

Il est aussi possible de définir la faille par une double triangulation, dont chacune représente un côté de la faille, et chacune "colle" avec le bloc de son côté. Il n'y a donc pas de déplacements relatifs entre le bloc et la triangulation du même côté. Par conséquent, pour suivre l'évolution des nœuds de maillage en faille, il suffit de repositionner ces nœuds selon la nouvelle géométrie de la faille avec les coordonnées barycentriques calculées à l'instant géologique où ils ont été créés. L'utilisation d'une double triangulation pour décrire une faille est donc une approche plus légère, mieux adaptée au contexte évolutif visé par cette thèse.

Perspectives

Ces travaux de thèse sont réalisés au sein de la plateforme *OpenFlow*, dont le modèle de données non structuré était développé en parallèle. Il est donc envisageable de migrer notre programme vers le modèle de données non structuré de la plateforme après la finalisation de celui-ci, afin de bénéficier de la persistance et de la visualisation intégrée. Il est aussi possible d'envelopper la série de surfaces et de maillages dans un objet métier pertinent de la plateforme. Par exemple, le maillage hexa-dominant généré pour un instant donné peut être associé à un "*StragraphicGridInstant*", ce dernier compose avec les autres "*StragraphicGridInstant*" un objet métier "*StragraphicGrid*" (Fig. 8-1). Cette abstraction permet de cacher la structure de bas niveau et de mieux organiser les données, ce qui est un point important dans un environnement de collaboration.

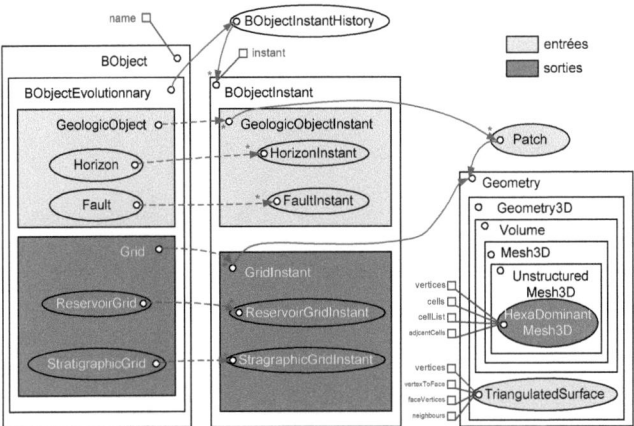

Fig. 8-1 : Schéma HBDS des objets métiers ou géométriques dans OpenFlow.

Les surfaces en entrées sont des fois perturbées par des zigzags, ce qui résulte en un quadrillage très déformé au niveau de ces zigzags (Fig. 8-2 et Fig. 8-3). Par conséquent, il est nécessaire d'effectuer un prétraitement pour rendre ces surfaces plus lisses, ou une autre méthode de quadrillage est souhaitable pour bien gérer les zigzags.

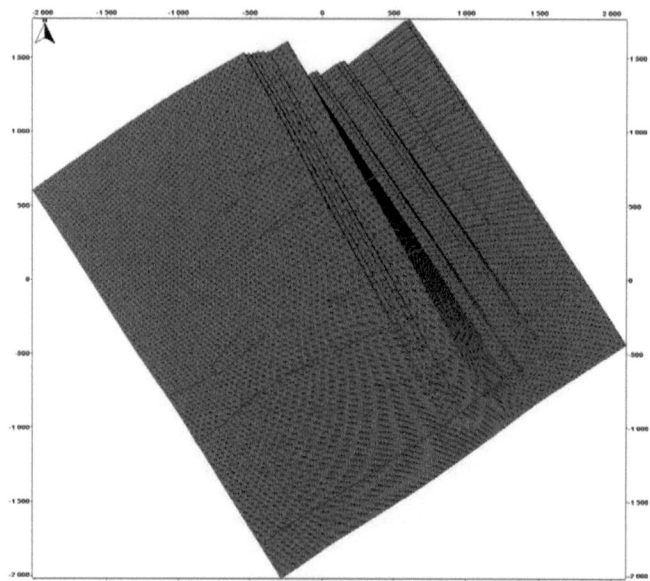

Fig. 8-2 : Schéma Horizon avec la bordure en zigzag.

Fig. 8-3 : Zoom de la bordure en zigzag.

Il arrive aussi que sur un horizon des centaines de traces de failles sont présentes qui sont en réalité une seule trace. Il faudra dans ce cas-là pouvoir détecter une telle situation et concaténer par la suite ces traces afin de réduire le temps de calcul.

Notre méthodologie actuelle se limite à quatre types d'éléments volumiques : hexaèdres, prismes, pyramides et tétraèdres. Le respect de cette contrainte résulte en la génération d'éléments conformes tant aux schémas à volumes finis qu'à ceux des éléments finis. Cependant, des sommets sont pris au milieu d'une couche dans le but de régulariser un élément dégénéré qui ne fait pas partie de ces quatre catégories (voir §5.3) ; ces sommets "fantômes" ne s'appuient ni sur un horizon ni sur une faille, ce qui complique la définition de leurs chemins d'évolution (voir §6.2). Une possibilité d'amélioration est de se délibérer de cette contrainte et d'admettre plus de types d'éléments. Sous ce nouveau contexte, il est possible de remplacer un hexaèdre coupé par une faille par deux éléments, un du type HemiHexa7, l'autre HemiHexa5 (Fig. 8-4) ; ou deux HemiHexa6 selon la configuration (Fig. 8-5).

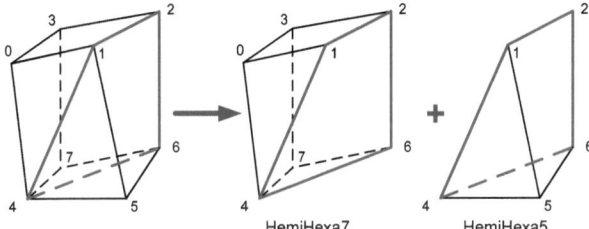

Fig. 8-4 : Remplacement d'un hexaèdre par un HemiHexa7 et un HemiHexa5.

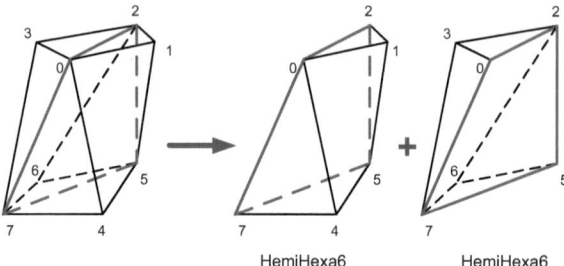

Fig. 8-5 : Remplacement d'un hexaèdre coupé par deux HemiHexa6.

A part les sujets dits "mineurs" cités ci-dessus, il reste encore les grands thèmes suivants à traiter :

- **remaillage** : il s'agit des modifications locales du maillage quand la qualité de la zone en question n'est plus acceptable suite à un passage d'un instant à l'autre. On parle ici d'un remaillage bien local réalisé par des déformations, des ajouts et des suppressions d'un nombre limité des nœuds. Il est hors de question de reconstruire totalement le maillage car la continuité topologique entre les maillages de différents instants sera détruite.

- **traitement des failles pendantes** : la faille peut ne pas traverser totalement une couche ; par conséquent, son extrémité pendante dans la couche doit être bien suivie pendant la création des éléments volumiques. Pour ce faire, la faille pourrait être d'abord étendue selon cette extrémité jusqu'à l'horizon en bas, alors la méthodologie proposée dans cette thèse est applicable pour générer le maillage volumique, suivi d'une rectification des éléments à la proximité de l'extrémité pendante de la faille.

- **gestion de l'apparition des failles** : c'est un événement géologique qui modifie effectivement la topologie du domaine. Deux stratégies sont possibles : soit on construit dès le premier instant la faille et ses traces sur les différents horizons d'une manière virtuelle (selon la configuration de l'instant où la faille a atteint sa maturité) et on applique notre méthodologie de génération de maillage ; soit on prend en compte le changement de topologie juste au moment où la faille apparait, en modifiant localement la zone touchée par cet événement.

- **gestion de l'érosion** : il s'agit d'une modification locale dans le maillage sur les cellules érodées, qui pourrait être une déformation, un changement de type d'éléments, ou une suppression totale de la cellule.
- **gestion de dôme de sel** : il faudrait prendre en compte la déformation tectonique associée à la formation du dôme de sel.

A défaut de temps, les différents sujets ci-dessus ne peuvent pas être traités par cette thèse, quoiqu'ils soient déjà plus ou moins abordés. Ces sujets feront l'objet d'une nouvelle thèse dans laquelle ils seront étudiés pleinement.

Références

Maillage

[1]   O.A. Pedrosa and K. Aziz (1985) Use of hybrid grid in reservoir simulation, *SPE middle east oil technical conference, Bahrain*, 99–112.

[2]   Z.E. Heinemann and C.W. Brand (1989) Gridding techniques in reservoir simulation, *International Forum on Reservoir Simulation, Alpbach* 339–426.

[3]   D.K. Ponting (1989) Corner point geometry in reservoir simulation, *ECMOR* 1:45–65, Cambridge.

[4]   P.L. George (1991) *Génération automatique de maillages*, Masson, Paris.

[5]   C. Armstrong, D. Robinson, R. McKeag, T. Li, S. Bridgett, R. Donaghy and C. McGleenan (1995) Medials for meshing and more, *Proc. 5th Int. Meshing Roundtable* 277-288.

[6]   C Bennis, W. Sassi, F. Hage, et J.-L. Faure (1995) *Construction de maillage éléments finis pour le projet Geofrac*, rapport 42410, Institut Français du Pétrole.

[7]   Y. LI and L. Fuchs (1996) An anisotropic local grid refinement method for fluid flow simulation, *Numerical heat transfer. Part B, fundamentals* 30(2):95-215.

[8]   E.N. Gourley and T. Ertekin (1997) Application of a local grid refinement technique to model impermeable barriers in reservoir simulation, *SPE Eastern Regional Meeting, Lexington*, DOI 10.2118/39216-MS.

[9]   Z.E. Heinemann, G.F. Heinemann and B.M. Tranta (1998) Modelling heavily faulted reservoirs, *Proc SPE Annual Technical Conferences* 9-19.

[10] P.J. Frey et P.L. George (1999) *Maillages applications aux éléments finis*, Hermes Science Publications, Paris.

[11] S.J. Owen and Sunil Saigal (1999) H-Morph: An indirect approach to advancing front hex meshing, *2nd Symposium on Trends in Unstructured Mesh Generation*, Boulder Boulder, USA.

[12] M. Lai, S. Benzley and D. White (2000) Automated hexahedral mesh generation by generalized multiple source to multiple target sweeping, *IJNME* **49**(1):261-275.

[13] L. Marechal (2001) A new approach to octree-based hexahedral meshing, *Proc. 10th Int. Meshing Roundtable* 209-221.

[14] K.-F. Tchon, M. Khachan, F. Guibault and R. Camarero (2003) Constructing anisotropic geometric metrics using octrees and skeletons, *Proc. 12th Int. Meshing Roundtable* 293-304.

[15] D. Guoy and J. Erickson (2004) Automatic blocking scheme for structured meshing in 2d multiphase flow simulation, *Proc. 13th Int. Meshing Roundtable* 121-132.

[16] N. Frandrin, C. Bennis, H. Borouchaki et P. Lemonnier (2004) *Méthode pour générer un maillage hybride conforme en trois dimensions d'une formation hétérogène traversée par une ou plusieurs discontinuités géométriques dans le but de réaliser des simulations*, brevet IFP, numéro d'enregistrement national 04/05.555.

[17] M.L. Staten, S.J. Owen and T.D. Blacker (2005) Unconstrained paving & plastering: a new idea for all hexahedral mesh generation, *Proc. 14th Int. Meshing Roundtable*, Springer-Verlag, 399-416.

[18] N. Flandrin (2005) *Génération de maillage hybride pour les simulateurs de réservoir pétrolier de nouvelle génération : extension 3D*, thèse de doctorat, Université de Technologie de Troyes, Troyes.

[19] N. Flandrin H. Borouchaki and C. Bennis (2006) 3D hybrid mesh generation for reservoir simulation, *IJNME* **65**(10):1639–1672.

[20] X. Roca and J. Sarrate (2006) An automatic and general least-squares projection procedure for sweep meshing, *Proc. 15th Int. Meshing Roudtable*, Springer-Verlag, 309-324.

[21] L. Anné (2006) *Revue des technologies de maillage hex-dominant*, rapport interne, Institut Français du Pétrole.

[22] M. Elkouhen et al. (2007) Modèles de données algorithmique et topologique, rapport interne, Institut Français du Pétrole.

[23] T. Crabié, C. Bennis, J.-F. Rainaud (2009) *Dépliage isométrique*, rapport interne, Institut Français du Pétrole.

[24] T. Mouton (2009) *Génération et optimisation de maillages hybrides tridimensionnels pour la simulation des réservoirs pétroliers*, thèse de doctorat, Université de Technologie de Troyes, Troyes.

[25] Tétraèdre régulière : mps.mpg.de/homes/daly/CSDS/t4h/tetra.htm#Q1-1-4

[26] Pyramide carrée : http://mathworld.wolfram.com/SquarePyramid.html

[27] Prisme triangulaire : http://en.wikipedia.org/wiki/Triangular_prism

Géologie et bassins sédimentaires

[28] B. Tissot (1969) *Premières données sur les mécanismes et la cinétique de la formation du pétrole dans les sédiments. Simulation d'un schéma réactionnel sur ordinateur*, Revue interne, Institut Français du Pétrole, 24, 6, 470–501.

[29] V. Bouvier (1989) *Modélisation bidimensionnelle des phénomènes de transport dans les bassins sédimentaires par la méthode des éléments finis*, thèse de doctorat, École de Mine de Paris, Paris.

[30] P. Ungerer, J. Burrus et al. (1990) Basin evaluation by integrated two-dimensional modeling of heat transfer, fluid flow, hydrocarbon generation and migration, *AAPG Bulletin*, 74, 3, 309-335.

[31] I. Faille (1992) *Modélisation bidimensionnelle de la genèse et la migration des hydrocarbures dans un bassin sédimentaire*, thèse de doctorat, Université Joseph Fourier Grenoble I, Grenoble.

[32] D.H. Welte, B. Horsfield and D.R. Baker (1997) *Petroleum and basin evolution: insights from petroleum geochemistry, geology and basin modeling,* Springer, Berlin.

[33] F. Schneider, O. Brévart, J.M. Gaulier, C. Séjourné and S. Wolf (1997) *Quantitative HC potential evaluation using 3D basin modeling*, presented at the AAPG Convention, Dallas.

[34] S. Schneider (2002) Pilotage automatique de la construction de modèles géologiques surfaciques, thèse de doctorat, École de Mine de Paris, Paris.

[35] G. Enchéry (2004) Modèles et schémas numériques pour la simulation de genèse de bassins sédimentaires, thèse de doctorat, Université de Marne-La-Vallée, Champs-sur-Marne.

[36]   I. Faille et O. Masson (2004) *Bassin sédimentaire*, exposé de vulgarisation de la Direction Technologie, Informatique et Math Appliquées, Institut Français du Pétrole.

[37]   C. Pomerol, M. Renard and Y. Lagabrielle (2005) *Éléments de géologie 13ᵉ édition*, Dunod, Paris.

[38]   RML (2007) logiciel commercialisé par Beicip-Franlab, Groupe IFP.

[39]   Ceres (2007) logiciel commercialisé par Beicip-Franlab, Groupe IFP.

[40]   Temis (2007) Temis 1D, 2D & 3D, suite de logiciel commercialisé par Beicip-Franlab, Groupe IFP.

[41]   Projet Kiné3D (2007) Institut Français du Pétrole et Earth Decision Sciences.

[42]   M.C. Cacas, J.-L. Rudkiewicz, I. Faille, J.M. Daniel et P. Havé (2008) *Procédé pour rechercher des hydrocarbures dans un bassin géologiquement complexe, au moyen d'une modélisation de bassin*, brevet IFP, numéro d'enregistrement national 08/02.132.

[43]   T. Hantschel and A.I. Kauerauf (2009) *Fundamentals of basin and petroleum systems modeling*, Springer, Berlin.

[44]   B. Durand and A. Mascle (2010) *Basin development and petroleum systems: an introduction*, lecture material, IFP School, Rueil-Malmaison.

[45]   B. Yahiaoui (2010) *Génération de surfaces failles pour la modélisation de bassins sédimentaires 3D en milieux poreux*, rapport de stage, Institut Français du Pétrole.

Méthodes numériques et autres

[46]   S.A. Coons (1967) *Surfaces for computer-aided design of space forms*, MIT CSAIL Publications, Cambridge MA, USA.

[47]   R. Peyret and T.D. Taylor (1985) *Computational methods for fluid flow*, Springer, New York.

[48]   O. Pionneau (1988) *Méthodes d'éléments finis pour les fluides*, Masson, Paris.

[49] R. Eymard, T. Callouët and R. Herbin (2000) *The finite volume method*, Ph. Ciarlet J.L. Lions eds, North Holland.

[50] T.H. Cormen (2001) *Introduction to algorithms*, MIT Press, Cambridge, p. 204.

[51] G. Allaire (2005) *Analyse numérique et optimisation*, Éditions de l'École Polytechnique, Palaiseau.

[52] H.K. Versteeg and W. Malalasekra (2007) A*n introduction to computational fluid dynamics: the finite volume method 2nd edition*, Prentice Hall, Essex.

[53] Plateforme OpenFlow (2007) Institut Français du Pétrole.

[54] Format gOcad TSurf : Documentation "*Developer Kit*" de gOcad (2007), Earth Decision Sciences, Paris.

[55] Format ArcTem : *Description espace-temps d'un bassin sédimentaire*, un article de WikiArcTem (2009), Institut Français du Pétrole.

[56] Format vtk : http://www.vtk.org/VTK/img/file-formats.pdf

[57] Format mesh : http://www.ann.jussieu.fr/~frey/logiciels/Docmedit.dir/index.html

[58] Gocad : http://www.gocad.org

Bibliographie de l'auteur

Articles revues

[A.1] L. Ran, A. Benali, H. Borouchaki and C. Bennis. Hex-dominant mesh generation for subterranean formation modeling. *Engineering with Computers* (13pp), submitted in February 2010.

[A.2] L. Ran, H. Borouchaki, A. Benali and C. Bennis. Hex-dominant mesh generation for basin modeling with complex geometry. *IOP Conference Series : Materials Science and Engineering*, **10**(1) 012085 (10pp), July 2010.

Conférences internationales avec actes

[C.1] L. Ran, A. Benali, H. Borouchaki and C. Bennis (2009) Hex-dominant meshing for basin modeling. *10th National Congress on Computational Mechanics*, Columbus, USA. July 2009.

[C.2] L. Ran, H. Borouchaki, A. Benali and C. Bennis. Hex-dominant mesh generation for basin modeling with complex geometry. *9th World Congress on Computational Mechanics and 4th Asian Pacific Congress on Computational Mechanics*, Sydney, Australia, July 2010.

Brevets

[B.1] L. Ran, A. Benali, H. Borouchaki et C. Bennis. *Méthode pour générer un maillage hexa-dominant d'un milieu souterrain faille*, brevet IFP, numéro d'enregistrement national 09/03.501, julliet 2009.

[B.2] L. Ran, A. Benali, H. Borouchaki et C. Bennis. *Méthode pour générer un maillage hexa-dominant d'un bassin géométriquement complexe*. brevet IFP, numéro d'enregistrement national 10/03.001, juillet 2010.

Rapports internes

[R.1] L. Ran. Étude bibliographique pour la construction de maillages hex-dominant pour les besoins de bassins et évaluation des outils Distene, rapport interne, Institut Français du Pétrole, juin 2007.

Annexe A. Environnement de développement

OpenFlow est une plateforme de développement des logiciels pétroliers de nouvelle génération. Elle gère d'une façon transparente et efficace la persistance des données, et elle fournit un IHM (nommé "*StudyManager*") qui permet d'intégrer facilement de différents outils liés à la chaîne de traitement complète dans l'industrie pétrolière. Écrite en *Java*, elle tourne sur presque tous les systèmes d'exploitation. Pour toutes ces facilités, *OpenFlow* a été choisi comme l'environnement de développement pour réaliser les algorithmes de cette thèse. De nouvelles fonctionnalités ont été premièrement ajoutées dans *OpenFlow* pour préparer les entrées/sorties :

- import des surfaces triangulées représentant des horizons et failles sauvegardées dans les fichiers au format *VTK*, avec le plugin "*VTKTriangulatedSurfaceImporter*" ;
- extension de la plateforme et du module de la visualisation pour afficher les instants géologiques horizons/failles ;
- conception d'un nouveau modèle de données incarnant le maillage hexa-dominant ;
- export en format *VTK* pour les maillages hexa-dominant et les horizons/failles.

A.1   Import des surfaces triangulées

Ce plugin permet de lire les surfaces horizons et failles en format VTK PolyData et construire les objets métiers correspondants au sein de la plateforme. Ce plugin fonctionne de la façon suivante :

- Choisir "*VTK PolyData (.vtk & .vtp)*" dans le wizard import de "*OpenFlow*" (Fig. A-1) ;
- Indiquer qu'il y a des relations géologiques entre les horizons ou les failles (Fig. A-2) ;
- Choisir les fichiers (les horizons et les failles) à lire (Fig. A-3, Fig. A-4) ;
- Créer les horizons/failles pour réceptionner les données décrites dans les fichiers sélectionnés ci-avant (Fig. A-5) ;

- Associer les objets métiers avec les fichiers et spécifier les instants correspondants (Fig. A-6) ;
- Attendre que le job d'import se réalise (Fig. A-7, Fig. A-8).

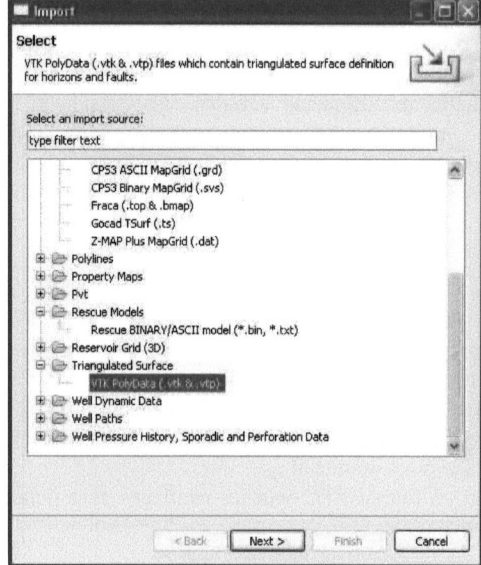

Fig. A-1 : Choisir "*VTK PolyData* (.*vtk* & .*vtp*)" dans le wizard import de "*OpenFlow*".

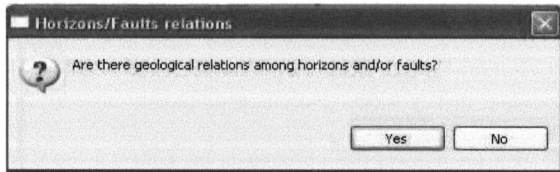

Fig. A-2 : Répondre "Yes" à la question.

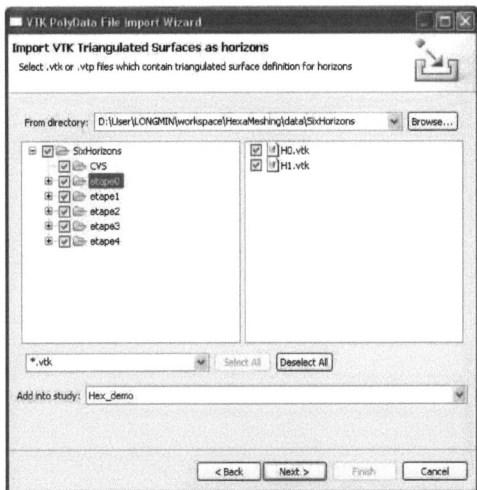

Fig. A-3 : Choisir les fichiers représentant les horizons.

Fig. A-4 : Choisir les fichiers représentant les failles.

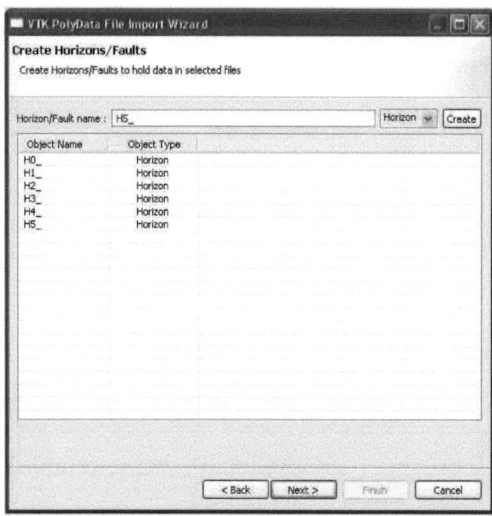

Fig. A-5 : Créer les objets métiers Horizon ou Faille.

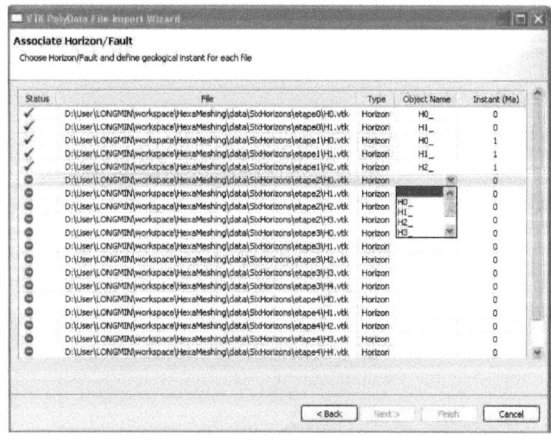

Fig. A-6 : Associer les fichiers avec les horizons/failles, définir leurs instants
géologiques.

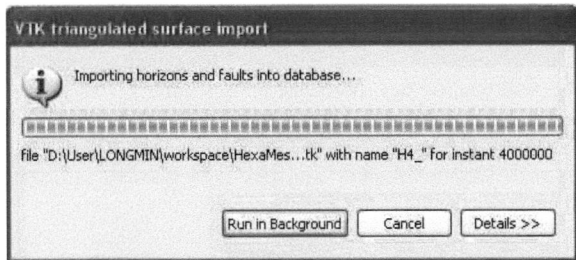

Fig. A-7 : Après appuyer sur "Finish", une tâche se lance pour finaliser l'import.

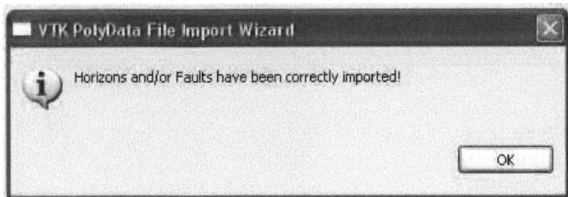

Fig. A-8 : Un dialogue s'affiche pour informer le succès de l'import.

A.2   Extension du "StudyManager" et du "View3D"

Dans l'arborescence de "*Study Explorer*" les nœuds représentant les instants géologiques des horizons et des failles sont maintenant présents. Ces nœuds sont pareillement listés dans "*3D Viewer*", visualisables par un simple coche (Fig. A-9).

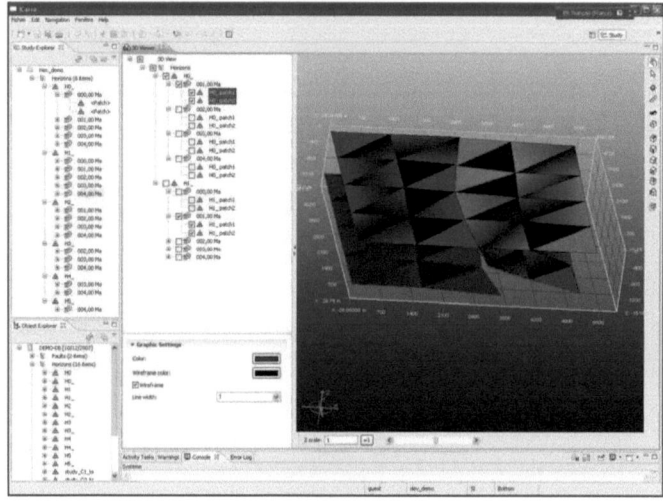

Fig. A-9 : Affichage des instants dans l'arborescence et dans la vue 3D.

A.3   Modèle de données pour le maillage hexa-dominant

Le modèle de données pour le maillage hexa-dominant est réalisé par la conception de la classe "*HexaDominantMesh3D*" (Fig. A-10), dont la structure est détaillée dans §5.2.5.

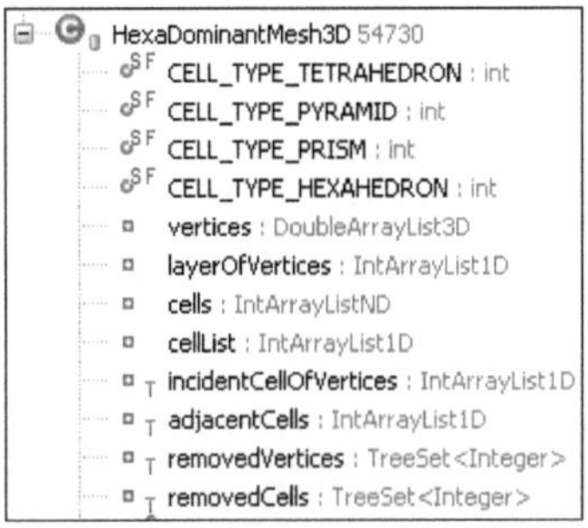

```
⊟ ⊙ ₀ HexaDominantMesh3D 54730
        ⬠ᵇ ᶠ CELL_TYPE_TETRAHEDRON : int
        ⬠ᵇ ᶠ CELL_TYPE_PYRAMID : int
        ⬠ᵇ ᶠ CELL_TYPE_PRISM : int
        ⬠ᵇ ᶠ CELL_TYPE_HEXAHEDRON : int
        ▫  vertices : DoubleArrayList3D
        ▫  layerOfVertices : IntArrayList1D
        ▫  cells : IntArrayListND
        ▫  cellList : IntArrayList1D
        ▫ ₜ incidentCellOfVertices : IntArrayList1D
        ▫ ₜ adjacentCells : IntArrayList1D
        ▫ ₜ removedVertices : TreeSet<Integer>
        ▫ ₜ removedCells : TreeSet<Integer>
```

Fig. A-10 : La classe *HexaDominantMesh3D*.

A.4   Export VTK

Le workflow du plugin qui exporte les maillages hexa-dominants et les surfaces horizons et failles en format *VTK* est composé des étapes suivantes :

- Choisir "grid, horizon, fault – *vtk* format" dans le wizard export de "*OpenFlow*" (Fig. A-11) ;
- Spécifier le répertoire à sauvegarder les fichiers exportés (Fig. A-12) ;
- Choisir les maillages/horizons/failles à exporter ((Fig. A-12) ;
- Appuyer sur "Finish", la tâche d'export se lance ;
- Attendre que le job d'export se réalise (Fig. A-13).

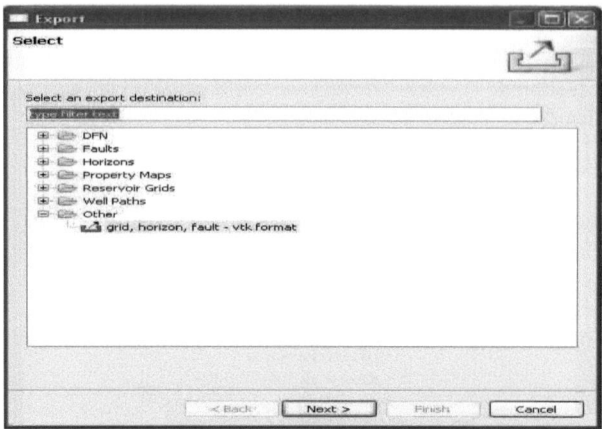

Fig. A-11 : Choisir "grid, horizon, fault – *vtk* format" dans le wizard export.

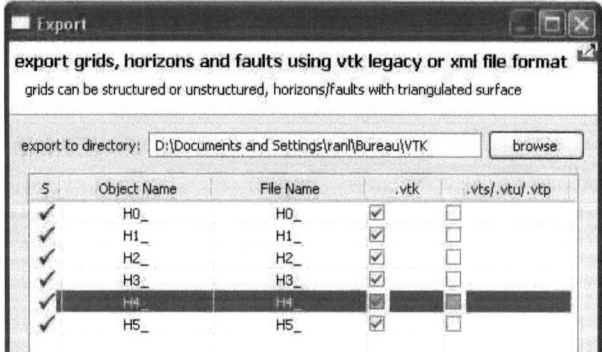

Fig. A-12 : Spécifier le répertoire à sauvegarder les fichiers exportés,
choisir les grilles/horizons/failles à exporter.

Fig. A-13 : Un dialogue s'affiche pour informer le succès de l'export.

Après l'achèvement de l'export, un répertoire est créé pour chaque grille/horizon/faille, dans lequel est créé un fichier par instant, nommé après son instant géologique correspondant (Fig. A-14).

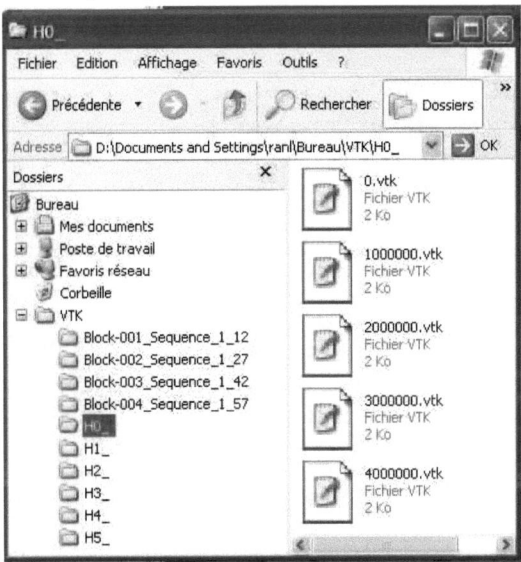

Fig. A-14 : Les fichiers sont générés dans le répertoire spécifié.

Annexe B. Méthode de décomposition par blocs

Cette méthode commence par construire des plans de découpage pour former une décomposition surfacique pour chaque horizon ; cette décomposition va pouvoir faciliter la mise en correspondance de deux horizons voisins.

B.1 Définition d'un plan de découpage

La prolongation des failles est adoptée pour générer des plans de découpage sur un horizon. Un plan de découpage est ainsi défini par :

- un point réflexe P sur le bord de l'horizon qui représente l'extrémité d'une faille ;
- un vecteur d qui donne la direction de la faille (donc celle de découpage) de la façon suivante : $d = d_1 + d_2$ (Fig. B-) ;
- n, la normale de l'horizon sur le point réflexe P.

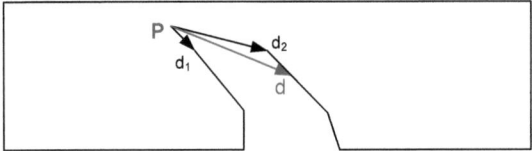

Fig. B-1: Direction de découpage.

B.2 Démarches pour construire un plan de découpage

Concrètement, trois étapes s'enchaînent pour obtenir les plans de découpage :

- calculer les contours de horizons ;
- extraire les angles d'ouverture associés aux sommets frontaliers pour repérer les points critiques (angle réentrant dépassant le seuil α_1 ou trop aigu inférieur au seuil α_2) sur le contour ;
- construire les plans de découpage passant par les points critiques réflexes.

Le calcul du contour est effectué par la bibliothèque du moteur géométrique, un outil disponible dans *OpenFlow*. Tous les sommets de la surface sont ensuite marqués selon qu'ils soient frontaliers ou non. Alors est calculé l'angle d'ouverture des sommets au bord. Le marquage des sommets et leurs angles d'ouverture sont représentés par des propriétés de la triangulation.

Le plan de découpage est concrétisé par un parallélogramme $C_1 C_2 C_3 C_4$ (Fig. B-2) dont :

$C_1 = P + (n_1 + d_1)$, $C_2 = P + (n_1 + d_2)$, $C_3 = P + (n_2 + d_2)$, et $C_4 = P + (n_2 + d_1)$.

Les vecteurs n_1, n_2 sont alignés avec n, les vecteurs d_1, d_2 sont alignés avec d; et les points $P + n_1$, $P + n_2$, $P + d_1$, $P + d_2$ touchent la boîte englobante.

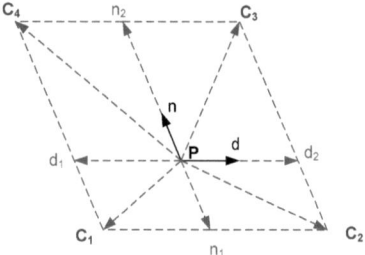

Fig. B-2 : Plan de découpage.

Concernant la boîte englobante, deux manières sont utilisables pour sa construction :

- soit on prend en compte tous les horizons de tous les instants ;
- soit on prend en compte seulement le premier horizon qui est immédiatement en dessus du socle (la croûte terrestre figée).

Le socle est à construire à partir de la boîte englobante des données. Un paramètre Δz sera utilisé pour décaler le socle du bas de la boîte englobante.

Un découpage secondaire passant par le point réflexe et perpendiculaire au premier plan serait nécessaire pour avoir des blocs plus réguliers (Fig. B-3). Une fois que les horizons sont décomposés, il faudra mettre en correspondance les blocs d'un horizon à un autre, possiblement par ajout des découpages virtuels pour avoir la même partition topologique sur deux horizons.

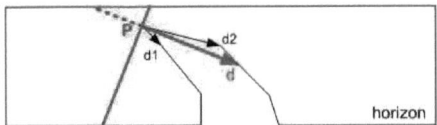

Fig. B-3 : Découpages primaire et secondaire

B.3   Présentation du résultat

Les captures d'écran ci-dessous montrent le résultat relatif à la construction des plans de découpage.

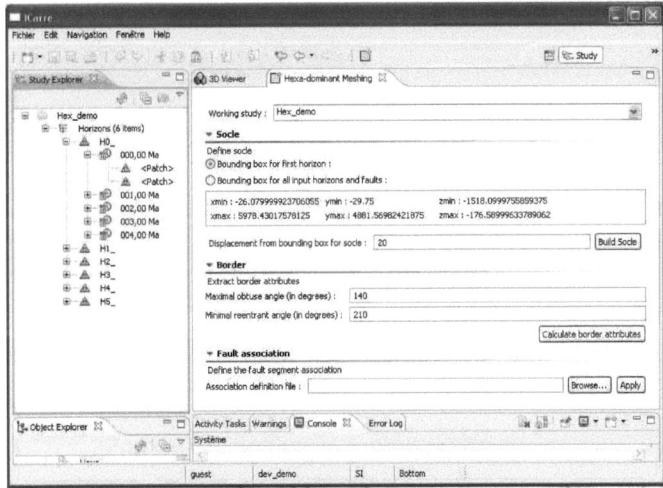

Fig. B-4 : Éditeur *"Hexa-dominant Meshing"*.

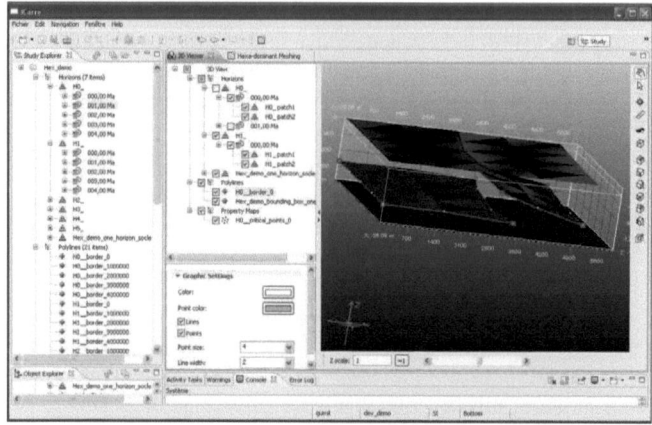

Fig. B-5 : Le bord et les points critiques repérés.

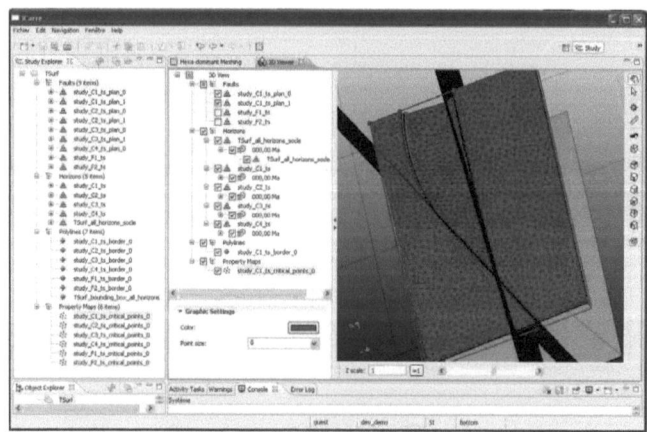

Fig. B-6 : Plans de découpage.

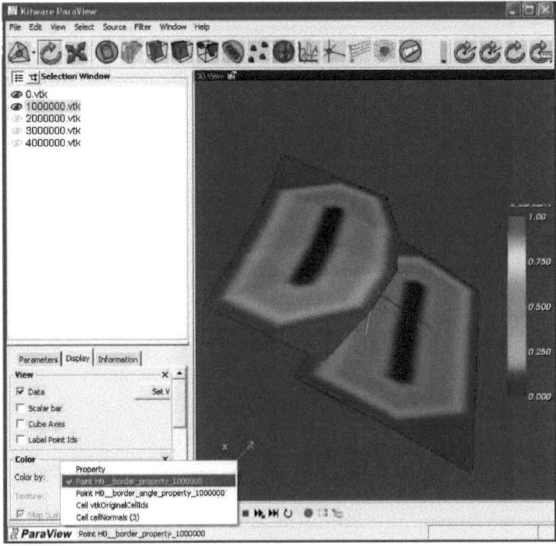

Fig. B-7 : Visualisation des propriétés générées pour la surface.

Printed by Books on Demand GmbH, Norderstedt / Germany